1年生 のクラスが
とにかくうまくいく

教師の
聞く力

丸岡慎弥

SHINYA MARUOKA

学陽書房

は じ め に

　新任時代の失敗談です。子どもの頃からの夢だった小学校教師としてついに働くこととなった私は、三重県から大阪府に移り住み、「子どもたちと楽しい時間を過ごしたい」「子どもたちに分かりやすい授業を心がけたい」と、はじめて出会う子どもたちとの時間を楽しみにしていました。しかし、そんな思いは1か月もたたないうちに見事に崩れ去っていったのです。

　授業では、子どもたちは学習に取り組むことはなく、学習とは関係のないことをしていました。特に私語が目立ち、私の声は子どもたちにはまったくといっていいほど届いていないのです。いわゆる「学級崩壊」という状態でした。そして、次第に私と子どもたちの関係はぎくしゃく。子どもたちからは、「先生は、私たちの話を聞いてくれない」「先生は、差別をしている」という不満の声が上がるようになりました。もちろん、そんなつもりはまったくなく、力も経験も不足している当時の私なりに、精一杯取り組んでいるつもりでした。しかし、現場の子どもたちは、実際、そのように私のことをとらえていたのです。

　「子どもたちにどのように話したら、私の声が届くのだろうか？」
　「どんなふうに言葉かけをすれば、子どもたちは振り向いてくれるのだろうか？」

　そんなことをずっと悩み、考え続けていました。

　それから、授業のことや学級経営のことを、さまざまな授業参観や実践発表から学びを積み重ね、研鑽に力を注いでいきました。また、先人の教育者の過去の実践や心理学・コミュニケーション学についても学びました。その学びの中には、実際、「すぐれた実践」がありました。読んだり聞いたりしても、子どもたちが活き活きと学習に取り組み、授業者と学習者がともに学びを生み出している姿がありました。

そして、あることに気が付きました。すぐれた実践をしている教師の共通点。それは、

話し上手ではなく、聞き上手

だということ。新任時代の私は、ずっと「話し上手」を目指していました。また、いかに丁寧な板書をするか、いかにスムーズな学習の流れを考えるか、そんなことばかりに意識を向けていたのです。もちろん、それらも大切なことではありますが、「子どもたちの声に耳を傾けていなかった」のです。

　子どもたちにとって、よりよい学習活動を生み出すためには、「話し上手ではなく、聞き上手であれ」でなければなりません。そこで、本書では、

- **なぜ、教師にとって聞く力が必要なのか**
- **教師としての聞く力を高めるためにはどのような思考が必要か**
- **教師としての聞く力を高めるスキルには、どのようなものがあるのか**

　つまり、教師としての聞く力の「あり方（マインド）」と「やり方（スキル）」の双方を記させていただきました。ページをめくっていただき、ともに「聞き上手」な教師について考えていきましょう。そして、子どもたちの声を聞く力を少しでも高めていただき、明日からの実践のお役に立てればと願っています。

丸 岡 慎 弥

CONTENTS

CHAPTER
2

1年生担任が身につけたい!
「聞く」スキルの超基本

CHAPTER 3

「問いかけ」を駆使!
学校生活をどんどん好きに
させる「聞く」スキル

CHAPTER
4

「勉強っておもしろい」を体感させる!
授業づくりの「聞く」スキル

CHAPTER 5

ケンカがあってもスッキリ解決！
子どもをつなげる「聞く」スキル

CHAPTER 6

信頼がアップする！
保護者対応の「聞く」スキル

CHAPTER
1

1年生担任になったら
ここを押さえる！

学級づくりの基礎・基本

学級づくりの基礎・基本は、
とにかく「子どもの話を聞くこと」です。
子どもたちの声を常に聞こうとする姿勢が
重要であることを押さえていきましょう。

1年生は
おしゃべり大好き！

「1年生って、まだ語彙が少ないし、なんにも話をしない子ばかりかな〜」などと心配している先生は大間違いです。1年生はお話が大好きです。

▶ 出会ったその日からお話モード全開

　はじめて1年生の担任を受けもつ先生は、入学式の日から間違いなく驚くことになるはずです。教室で挨拶を交わしてすぐに、「せんせ〜、あのね……」「きのうね〜」などと、子どものほうからどんどん話しかけてくるからです。

　もしも、「1年生の子どもたちと何を話したらいいのだろう……」「コミュニケーションが難しそうだな〜」などと心配や不安を抱えていたとしても、子どもたちとの出会いとともに、一気に吹き飛んでしまうことでしょう。子どもたちは、無邪気に、そして夢中になって教師にたくさん話しかけてくれます。

▶ 「先生大好き！」だからこそ

　なぜ、1年生の子どもたちはお話好きなのでしょうか。その理由の1つに、発達段階の特徴として、親や教師を絶対的な存在として依存する傾向が挙げられます。

　1年生の子どもたちは、「先生の言うことがすべて」「先生のことが大好き」と、無条件で教師のことを信頼しています。そこに説明はまったく必要ないといえるほどです。

▶ 自分の可能性を信じているからこそ

もう1つの特徴として、1年生の子どもたちは「自分のことが大好き」ということが挙げられます。「自分の可能性にフタをしていない」ともいえるでしょう。それは、子どもたちの話題の多くが、自分に関する内容であることからも理解できます。

自分の可能性を真っ直ぐに信じているからこそ、自分のどんなことについても夢中でおしゃべりすることができるのです。こうした可能性の芽をつまないよう、しっかり話を聞いて受け止めていきましょう。

ここがPOINT

1年生は先生が大好き！

ADVICE！

「先生のことが大好き」ということを受け止める姿勢で話を聞くようにしましょう。この聞く姿勢で教師は子どもたちへの愛情を伝えていきます。

1年生特有の世界観を把握する

指導しながら信頼関係を育んでいくためには、「まずは相手を知ること」が何よりも大切です。ここでは、1年生の子どもたちがもっている世界観を考えていきましょう。

▶ 自分視点のカメラだけ

1年生の子どもたちのもつ世界観とは、具体的にどのようなものなのでしょうか。まず1番に挙げられるのが、「自分視点からものごとを見ている」ということです。

1年生の子どもたちの頭の中は、ほぼ「自分中心」だといっても過言ではありません。「相手の立場になって考えてみましょう」と伝えても、まだまだ相手の立場を想像することは難しい段階であることを押さえておきましょう。

▶ 大人を「信頼する」が前提

前項でも触れたように、「大人が絶対」「先生大好き」という発達段階である点も忘れてはならないことです。これは、自分で考えることができないという意味や指示待ちしかできないということではなく、無条件に「大人」「教師」を信頼しているという段階なのです。

良くも悪くも、「先生が白といえば白、黒といえば黒」という思考になることも押さえておきましょう。

▶ 「やってみたい」という意欲がある

　「何でもやってみたい！」という気持ちと「大人から何かをしてもらって当たり前」という2つの要素ももっています。

　この世に生まれ出て、まだまだ6〜7年という1年生の子どもたち。どんどん自分でやれることが増えてきているとはいえ、「先生にやってもらう」が当たり前の感覚があることもしっかりととらえておきたいものです。

　まだ甘えの段階にいる子どもたちであることを理解し、サポートしていく必要があります。

ここがPOINT

ADVICE！

教師に「聞く力」が備わっていれば、子どもたちは安心して自分を出すことができます。常に「聞くこと」を念頭に置いて指導しましょう。

「聞く」はまずは
「表情」チェックから

1年生の子どもたちは、表情でいろいろなことを語りかけてくる傾向があります。その表情をよく観察し、子どもたちの感情を理解していきましょう。

▶ 表情を通して語りかけてくる

人は、自分の感情を無意識に表情に示すものです。嫌なことがあれば無表情になって下を向き、良いことがあれば笑顔で上を向いて歩きます。特に1年生の子どもたちが、「何かを隠す」「こんなことは知られたくない」などといった気持ちを持ち合わせることはほとんどありません。

本人も無意識のうちに、感情が表情に出てきます。

▶ キャリブレーションを知ろう

無意識に出る表情などから相手の情報を得ることを、「キャリブレーション」といいます。

相手の心理状態を言葉以外から認識していくことで、具体的には、表情のほか、その動き、呼吸のスピード、声のトーンやテンポ、仕草などから感情を見取ります。

子どもたちと話すときには、話している内容だけではなく、表情はもちろん、姿勢、声などにも細かく注意を向けていくことで、本当の気持ちが理解できるようになります。

こうした視点をもって、子どもたちの様子を日頃から観察する癖をつけていくようにしましょう。

▶ すべての時間を把握できないからこそ

　教師は「子どもたちのことを見る」ことが仕事の1つだとはいえ、1人の子どもだけをずっと見続けることはできません。学校外はもちろんのこと、休み時間もそれぞれに過ごしていますし、授業中であってもどの子がどのような様子でどのような感情をもっていたのか、すべてを把握することは不可能です。

　だからこそ、子どもと向き合ったり、話をしたりする機会を逃さず、子どもたちのちょっとした表情からもあらゆることを知ろうと意識を向けていきましょう。

ここがPOINT

表情から見取る習慣を！
キャリブレーション

ADVICE！

特に朝の登校の時間、夕方の下校の時間の子どもたちの表情は要チェックです。気になることがあれば、躊躇せずに話しかけましょう。

子どもの懐に
積極的に入る

入学間もない1年生は、独特の世界観をもっているといえます。
ときには教師のほうから積極的にその世界観に飛び込んでいきま
しょう。

▶ まずは相手に興味をもつところから

「戦隊モノの○○が大好き〜」「かわいい○○が大のお気に入り！」な
どといった高らかな声は、1年生の教室では毎日のように聞かれるもの
です。この時期の子どもたちの興味・関心は、他人からの影響を受ける
ことは少なく、それぞれが独自にキャッチしたものを大切にもち続けて
いる傾向が強いといえます。

こうした子どもたちの興味・感心には最大限の注意を向け、教師自身
も子どもと同じように興味・関心をもつようにしていきましょう。教師
の側から積極的に「子どもに興味をもつ」ことで、子どもたちとの関わり
を強めていくようにします。

▶ 知ろうとするアンテナを立てる

「今、子どもたちは何が好きなのか？」「この子は何に興味があるの
か？」、そうしたアンテナを常に立て続けるようにしましょう。

興味・関心をもっていると、自然に情報は入ってくるものです。「あ
の子は○○が好き」「この子は□□が好き」といったことから、その子に
合った接し方を探り出せるようになります。

何気ない会話からも、子どもたちの情報をできるだけキャッチしてい
きましょう。

▶ 「子どもの好きなものの世界」を具体的に探る

その子の興味・関心を抱く世界を知るだけではなく、ときにはより深いところに飛び込んでみることも大切です。

具体的には、質問を投げかけるなどして引き出していくようにします。「その電車のどんなところが好きなの？」「やっぱり飛行機はかっこいいよね！」「○○のアニメの主人公は、変身するところがきれいだよね！」など、その子が興味・感心をもった核の部分に触れるように話を聞いていくのです。子どもが好きなものの世界を教師が共感しながら感じ取っていく姿勢を見せることで、子どもは教師に対して信頼感を抱き、また、教師の話にも耳を傾けていくようになっていきます。

ここがPOINT

ADVICE！

子どもの世界をくまなく知る必要はありませんが、アンテナをしっかりと張り、知ろうとする姿勢や熱意が子どもの心に響きます。

1年生だって
「気付く力」をもっている

1年生の担任になると勘違いしやすいのが、「すべてを教えてあげないといけない」と思い込んでしまうこと。こうした指導では、子どもたちの自分でやろうとする力を育てることはできません。

▶ 子どもたちは体験している

　そもそも、なぜ「1年生にはすべてを教えてあげないと、何もできない」と思ってしまうのでしょうか。それは、1年生にはまだ「体験」がないと教師自身が思い込んでいることに要因があります。

　もちろん、小学校生活を何も知らない1年生ですから、当然分からないことも多くあります。しかし、1年生の子どもたちも、これまでに家庭ではもちろんのこと、幼稚園・保育所などで多くの体験を積み重ねてきているのです。それを忘れてはなりません。

▶ オートクラインを活用しよう

　自分で気が付いていくこと。それを、心理学やコーチング学では、「オートクライン」といいます。例えば、対話をしたり思考したりすることによって、人は気付きが生まれます。そのとき、自分が発した言葉を自分で聞くことによって、自分の考えや感じていたこと自体に気付くことができるということです。

　1年生は、入学前にすでに多くの体験を得ています。「気付く力をもっている」という前提で教師が接していくことが大切です。関わりの第一歩からグッと変わってくるはずです。

▶ 「気付き」には「問い」が必要

　前述のオートクラインには、対話や思考の場面が必要となりますが、その対話や思考を促すものは何なのでしょうか。それは、「問う」ということです。

　つまり、「子どもたちに気付きをもたせる」ためには、教師が「問う」ことが必要なのです。「脳は空白を嫌う」といわれるように、問うことによって、子どもたちの頭の中に「？」が浮かびます。そして、この「？」に子ども自身が無意識に答えようと思考していくことによって、「気付き」が生まれていきます。

ここがPOINT

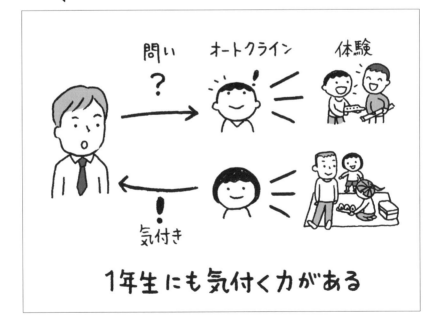

問い　オートクライン　体験
？

気付き

1年生にも気付く力がある

ADVICE！

「問う」ことだけに意識が向きがちですが、同時に「問いの答え」にも意識を向けましょう。子どもが何に気付いているかを「知る」ためです。

教えるべきことを
丁寧に具体的に教える

子どもが「自分で気付くこと」が大切とはいっても、教師は「教えるべきこと」をきちんと理解できるように教えていかなければなりません。それが「自分で気付くこと」の土台になっていきます。

▶ 「教える」ことをためらわない

　「子どもたちを主体に」「子どもたちが学習を進める」……こうした言葉を聞けば、「教える」ことに気が引けてしまうこともあるかもしれません。

　しかし、子どもたち主体で学習を進めるとはいえ、「教える」ことを教師が恐れてはいけません。「教えるべきは教える」。この姿勢を常にもち続けるようにします。

▶ 「知る」から主体的になれる

　子どもたちが自分自身で気付き、主体的に進めていくためにも、「教える」は有効です。子どもたちは教師に教えられて、新たな知識や見方を「知る」からこそ、それを少しずつ活用して、自分たちで進められるようになっていくのです。例えば、学校のトイレの場所。当たり前ですが、場所を子どもたちに教えてあげなければ、自分からトイレに行くことさえできません。

　「知らない」ものは「知らない」のであり、まずはスタート地点に立たせていくイメージが大切です。大人が当たり前だと思っていることでも、子どもたちにとっては基礎・基本となります。丁寧に教えていくことが教師の大切な仕事なのだと自覚しましょう。

▶ 「教える」「気付かせる」はバランスが大事

　「教える」と「気付かせる」はどちらも大切だといわれてしまうと、ではいったいどうすればいいのかと悩んでしまう先生もいるかもしれません。ここで重要なのは、バランスなのです。例えば、教科書について。はじめての出会いの場面では、「青色の表紙が算数だよ」と教えることによって、次の場面では、「算数は何色だった？」と問うことができます。

　「子どもたちに問うても気付けないことは教える」「問えば気付くことができることは気付かせる」。そうした視点をもって使い分けていくことが大切です。

ここがPOINT

ADVICE！

「教える」「問う」のバランス感覚を身につけるには、経験が不可欠です。
積極的に試し、子どもの様子や成長に合わせていきましょう。

「聞く」は最大の応援歌

人は「聞いてもらう」ことによって心のエネルギーが高まっていくものです。それは、1年生の子どもたちであっても変わりはありません。

▶ 「聞く」のもつ力

「悩みを聞いてもらう」「夢を聞いてもらう」など、他者に「聞いてもらう」ことによって大きな力が湧いてきます。それは、あたえられるものというより、聞いてもらうことで自然に満たされ、自分の中でエネルギーが生み出される感覚に近いといえるでしょう。

「聞いてもらう」ことで力を発揮していくのは、1年生の子どもも同様です。むしろ、無我夢中になったり、集中を高めていく際のスイッチの入り方としては、どの学年よりもずば抜けて反応が早いともいえます。

▶ 「聞く」ことを積み重ねる

とはいえ、いつも子どもたちの悩みや夢を聞く必要はありません。教師が1年生の子どもたちの声を聞いていくのは、普段の何気ない会話の中で十分です。

教師のほうからはたらきかけなくても、子どもたちは積極的に話しかけてきてくれることでしょう。それを、「うん、うん」と頷きながら聞いてあげるだけで、子どもたちは「先生は話を聞いてくれる」「うれしいな」「もっとがんばろう」と思うのです。

▶ 「ラポール（信頼関係）」を築く

　話を聞くことは、信頼関係づくりにもたいへん役立ちます。1年生の子どもたちと明るく元気に1年間を過ごしていくためには、信頼関係が欠かせません。

　この信頼関係のことを「ラポール」といいますが、ラポールがあればさまざまなことがうまくいくといっても過言ではないでしょう。逆にラポールがなければ、どれだけうまくやろうと教師が意気込んでもさっぱりうまくいかないことがあります。それほどラポールは重要なことなのです。

ここがPOINT

ラポール（信頼関係）を築く

うんうん

"聞く"が子どもの最大の応援になる！

ADVICE！

「信頼関係づくり」においてもっとも効果的で簡単な取り組みが、この「話を聞く」ことです。子どもたちの声に根気よく耳を傾けていきましょう。

「聞く」が子どもたちの
可能性を拓く

子どもたちの持ち味や長所を伸ばすにも、教師の「聞く」がとても有効です。どのように「聞く」が作用するのか押さえていきましょう。

▶ 「聞く」を積み重ねる

前述したように、人は「誰かに聞いてもらう」ことで力を高めたり、エネルギーを蓄えたりすることができます。また、1年生の子どもたちの特徴の1つとして挙げられるのが、「話したがり」であること。教師が教室にいるだけで、「先生、先生……」とどの子も話しかけてきてくれますので、この瞬間をぜひ有効に活用したいものです。

教師が話を聞くことを厭わず、丁寧に「聞く」を積み重ねていくことこそが、子どもたちの可能性を拓くための原動力になります。

▶ 「聞く」姿勢が前向きなメッセージに

子どもたちは、「先生に聞いてもらえる」だけで大喜びするだけではなく、自信がつき、やる気が生まれてきます。それは、教師の「聞く」という姿が、「あなたを大切にしているよ」「あなたを信じているよ」というメッセージになるからです。

直接的なメッセージではないぶん、効果が現れるには少し時間がかかりますが、「聞き続ける」ことが子どもたちの自信を育てていきます。

▶ 「聞かない」を続けるとどうなるか

　「聞く」がどうして子どもたちの自信を育てていくのか、逆説的に考えてみましょう。つまり、もしも教師が子どもたちの話をまったく聞かなかったらどうなるかを考えてみるのです。言わずもがな、子どもたちは、「どうして先生は話を聞いてくれないんだろう？」「自分ってダメなのかな？」とネガティブな気持ちを抱いてしまうことでしょう。

　「聞かない」は、子どもたちの自信を奪ってしまうことにつながることも、しっかりと念頭に置きながら接することが重要です。

ここがPOINT

ADVICE！

「聞く」ことは、何気ない行為であり、すぐに効果が生まれてくることは少ないでしょう。しかし、積み重ねることで必ず効果が生まれます。

どこまで「聞く」を
通せばいいか

1年生の子どもは、歯止めをかけなければずっと話し続けてしまうくらいおしゃべり好きです。効果を引き出すためにも約束事が必須です。

▶ おしゃべりにもルールを

子どもたちが「話しすぎる」ことは、何も悪いことではありません。しかし、「授業が始まっても話し続ける」「人の間に割って入って話をする」などルールを守らないことは、やはり注意しなければなりません。

子どもたちには、こうしたことは「いけないこと」であり、おしゃべりにもマナーがあることをきちんと教えるようにしましょう。

▶ 「時」「場所」「礼儀」で考えさせる

では、どんなことが「いけないこと」だと教えればいいのでしょうか。教育者の森信三先生は、「時を守り、場を清め、礼を正す」と常々おっしゃっていました。教室にあてはめると、「授業時間になっても話し続ける」「場所を考えずにしゃべり続ける」「丁寧な言葉を使っていない」ということです。

こうしたことは、1年生だからこそ疎かにせず、日々きちんと指導をしていかなければいけません。

▶ 子どもたちにはあらかじめ伝えておく

　ルールは教えなければ身につきません。子どもたちに気付かせるのではなく、あらかじめ時間を設けて丁寧に伝えていくようにしましょう。

　「時間を守っておしゃべりしようね」「場所を考えておしゃべりしようね」「丁寧な言葉でおしゃべりしようね」というように、約束事をきちんと伝え、子どもたちと確認し合うようにします。そうしておくことで、おしゃべりの途中であっても、「今から授業だよ」という切り替えが無理なくできるようになるのです。

ここがPOINT

どんなときも大切な3つのルール

ADVICE！

教師の状況を伝えることも大切です。「今は大事な仕事があるから、お話聞けないんだよ」と断ることも、ルールを伝える一手になります。

「傾聴する」「問いかける」「教える」を使い分ける

「傾聴する」「問いかける」「教える」が1年生の子どもたちとの関係性づくりには大切です。さらにこれらを効果的に組み合わせて使っていきましょう。

▶ 「傾聴」がすべての土台

1年生の担任として、何を土台にして「聞く」ことを行っていけばいいでしょうか。それは、「傾聴」です。

ここまで伝えてきた通り、1年生の学級づくりにおいて、何よりも教師は、子どもたちの声を聞くことが基本になります。そうすることで、クラスの雰囲気があたたかくなり、子どもたちが自信をもって取り組む学習環境がかたちづくられていきます。

▶ 「問う」で子どもにアクセルを踏ませる

では、「問う」はどのようなときに用いていくといいでしょうか。それは、子どもたちにアクセルを踏んでほしいときです。具体的には、「今、子どもたちに（目の前にある問題に向き合い）乗り越えてほしい」「（授業中）ここをじっくりと考えてほしい」といったときで、そうしたタイミングで「問い」を投げかけるのです。

これまで教師に話を聞いてもらってきた子どもたちは、自分自身と向き合ったり思考を深めたりして、一気に躍動していくでしょう。

▶ 「教える」でアイテムを渡す

　「教える」については、「子どもたちにアイテム（道具）を渡すとき」をイメージするといいでしょう。例えば、釘を打つとき、手では打ち込めませんが、金槌を渡し、使い方を教えることで子どもたちは楽に打つことができるようになります。

　教師の教えたいことは、子どもたちにとって「学びの道具」になっていくのです。どんな「道具」を渡したいのか、どんな「道具」を使えば子どもたちの理解が深まり、ゴールへとたどり着けるのかをイメージしていくようにしましょう。

ここがPOINT

ADVICE！

「問うこと」「教えること」には即効性があります。しかし、それらもまずは「聞く」という土台があるからこそ効果を発揮します。

入学前に教師として聞いておくべきこと

　新学期スタート前、必ず職員室で行われることが「引継ぎ」です。前年度の担任と今年度の担任が入れ替わったとき、さらには持ち上がりの学年であってもクラス替えが行われているときには、受けもつ子どもたちの情報がほとんどないというのはままあることです。それを補うために、「引継ぎ」が行われます。

　新1年生の子どもたちの引継ぎは誰から受けるのか。それは、子どもたちの通っていた幼稚園や保育所の先生たちからです。ほとんどの学校では、3月中に小学校と幼稚園・保育所とで連絡を取り合い、新1年生担任と幼稚園・保育所の先生たちとで情報の引継ぎが行われるのです。

　小学校と大きく異なるのが、幼稚園・保育所では「保育」が行われているということ。より子どもたちの個性や感性を大切にしながら一緒の時間を過ごしているといえるでしょう。また、幼稚園・保育所の先生たちは、小学校教師に比べると「保護者との接触回数が圧倒的に多い」という特徴があります。よって、子どもたちの様子はもちろん、保護者の様子もよく知っています。

　そういったことからも、1年生担任としては、「子どもの様子」「保護者の様子」の双方を丁寧に聞き取るように心がけましょう。

- その子の具体的な様子や気になることはなかったか
- 幼稚園・保育所の中での友だち関係はどうだったか
- 忘れ物の様子はどうか
- 保護者の様子はどうか（不安傾向の有無など）

　時間の関係上、引継ぎの際に、すべての子どもの情報を網羅的に聞くことは難しいことがほとんどです。上記の4点を意識して効率よく引継ぎを行うようにしていくといいでしょう。

1年生担任が身につけたい！
「聞く」スキルの
超基本

子どもたちの話を聞くためには、
スキルが必要です。
もちろん「聞こう」とする心・姿勢が大切ですが、
そのスキルを知り得ることによって
聞き方のレベルを上げることができます。

子どもたちと
話すペースを合わせる

子どもたちと話すペースを合わせるには、いくつかの押さえるべき
コツがあります。「聞く」の基本スキルを探っていきましょう。

▶ ペーシングで安心感を引き出す

　「ペースを合わせる」ことは、子どもたちと関わり、指導していく上で
とても大切なスキルです。「ペースを合わせることがスキルなの？」と思
われる方もいらっしゃるかもしれませんが、これができていなければ何
も始まりません。

　相手のペースに合わせるスキルを、「ペーシング」といいます。子ども
たちは、教師が自分のペースに合わせてくれることで、無意識に安心感
を抱くことができるのです。

▶ 「合わせる」は相手を大切にしている証し

　「子どもが元気よく話しかけてきたら、元気よく返してあげる」「小さ
な声で話しかけてきたら、小さな声で返してあげる」。こうしたことが、
一見些細なことのようで、子どもたちからの信頼を得ていくことにしっ
かりとつながっていくのです。

　相手に合わせるためには、まずは相手に興味・関心を抱き、観察しな
ければいけません。「合わせよう」とすることそれ自体が、相手を大切に
することにつながります。

▶ 「合わせる」から「合わせない」ができる

　「合わせる」ことが基本スキルとして身についていれば、「合わせない」という一手も打つことができます。例えば、「いつもはみんなの話をうんうんと聞いてくれる先生が、いつもとちょっと様子が違うぞ……」などと子どもに気付きをあたえ、キリッとした態度へと切り替えさせることができるようになるのです。

　特に何か指導をしなければいけない場面では、こうしたオン・オフの切り替えによって効果を最大限に引き出すことができます。これは、日頃から子どものペースに合わせるという基本ができているからこそです。

ここがPOINT

ADVICE！

「合わせない」スキルを活用するのは、年に数回と心得ましょう。そして、実施後は、すぐにいつもの「合わせる」ペースへと戻してください。

笑顔で頷く

「笑顔」に勝る表情はありません。また、教師が笑顔でいられるのは、教師と子どもたちがお互いに信頼し合っている証しでもあるのです。

▶「先生の笑顔」は効果絶大

　教師は、とにかく「笑顔」でいること。毎日教師が笑っている教室とそうでない教室とでは、クラスの雰囲気はもちろんのこと、子どもたちの人間関係も学習効果も大きく変わってきます。それほど、「先生の笑顔」には大きな効果があるのです。

　「朝、子どもたちと出会ったら笑顔で挨拶をする」「授業を笑顔で始める」「下校時にも笑顔で見送る」……そうした日々の当たり前の場面を疎かにせず、笑顔でいることを大切にしてください。

▶　自分自身のためにも「笑顔」

　笑顔には、教師自身の状態もよりよくしてくれる効果があります。怒った顔をしているのと、口角を上げて明るく笑った顔でいるのとでは、どちらがパフォーマンスを上げてくれるかは明白でしょう。

　子どもたちの声を聞くことは、やりがいだけではなく体力もつかいます。笑顔をつくると、疲れているときでも、なぜか元気のエネルギーが満ちてきませんか。気持ちがのらないときも、あえて口角を上げると、気持ちが上がります。自分自身の心のためにも、ぜひ「笑顔」を心がけましょう。

▶ 「笑顔」は安心感をもたらす

子どもたちが教師のもとへ安心して話をしにきてくれるのも、「先生が笑顔でいるから」が大前提です。

ぶっきらぼうな表情をしている教師が「うんうん」と聞いていても、子どもたちは安心して話をすることはできません。「また先生とお話がしたいな」などという気持ちも起きません。

子どもの声を聞くのは「笑顔が基本」であると常に心して、「聞く」ときの表情を大切にしていきましょう。

ここがPOINT

ADVICE！

笑顔でいると、自ずと「余裕」が生まれます。すると、子どもたちのことを大らかに見ることができ、細やかな指導へとつながっていきます。

ときにはオウム返しを

子どもたちの声を聞くのに、「オウム返し」のスキルが有効なことがあります。ぜひ、効果的に駆使していきましょう。

▶ 「話を聞いている」を伝えるスキル

　子どもたちが「先生は自分の話を聞いてくれている」と判断するのはどんな要素からでしょうか。もちろん、相槌や頷きを入れていくことで、子どもたちに「聞いているよ！」のメッセージを送ることはできますが、より「聞いている」を伝えるために有効なスキルが「オウム返し」です。これは、実践的な心理学の手法の1つで、「バックトラッキング」ともいわれます。

▶ 相手の言葉を繰り返す

　バックトラッキングとは、話し手が言ったことを聞き手が復唱することです。例えば、「昨日、野球をしたんだ〜」と子どもたちが話しかけてきたら、「昨日、野球をしたんだね〜」と復唱するのです。

　バックトラッキングという言葉は、「情報の塊を戻す」という意味からきています。相手が言った言葉を活用してコミュニケーションをはかる方法で、それによって信頼感をアップさせていきます。「分からない問題があるの」と相談にきた子に、「分からない問題があるんだね」と復唱するだけで、子どもに安心感をもたせることができるのです。

▶ 自分の言葉を聞くことで安心感アップ

　バックトラッキングの効果の1つとして理解しておきたいのが、相手が復唱してくれることによって、「自分の声がきちんと相手にも届いている」と確認できることです。人は、自分の言った言葉を他者に言ってもらうことで、「受け入れてもらった」という安心感を抱くことができるのです。

　ぜひ、切り札のように効果的に用いながら、子どもたちの言葉を復唱していきましょう。

ここがPOINT

ADVICE！

バックトラッキングは授業の中で活用できるスキルです。授業中はもちろん休み時間などにも、ぜひ日常的に駆使してみてください。

「ながら聞き」もOK

子どもたちの話をずっと聞いていたら仕事が進まない……。そんな悩みを感じる先生も少なくないでしょう。そんなときの秘策があります。

▶ 「ながら聞き」の罪悪感を捨てる

　教師の仕事の多忙さは社会問題となるほど大きくなり、いまだ解決にはいたっていないという現状があります。そうした状況の中で、「子どもたちの話を聞いてあげたいけど、なかなか時間がとれない」と悩みを抱えている先生も少なくないはずです。そこで、思い切って「ながら聞きもOK！」としましょう。

　子どもたちの話を聞きながら業務もこなす……。罪悪感を抱く先生もいらっしゃるかもしれませんが、ときにはそうした仕事の仕方をとらなければ、業務はたまっていく一方です。

▶ 聞きながらでもできる仕事を用意する

　もちろん、子どもたちの話を聞くことをないがしろにするわけではありません。「子どもたちの話も聞きつつ業務も進める」ことができるような環境をつくったり、仕事を用意したりしておくことです。

　例えば、毎日の宿題点検などルーティン化している仕事であれば、子どもたちの話も聞きながら業務を進めることができます。そのような仕事を仕分けておくといいでしょう。

▶ 「ここぞというとき」には手を止める

とはいえ、子どもたちの話を聞いていると、「これは手を止めて聞かないといけないぞ」と思う話も飛び込んでくるものです。子どもたちがとてもうれしそうにしているときや、逆に困っているときは、当然、ながら聞きはNGです。必ずいったん手を止めて、子どもたちの話を集中して聞くようにしましょう。

つまり、メリハリをつけて子どもたちの話を聞くようにするのです。いつも集中でもなく、ながら聞きでもなく、そうした緩急によって業務の効率化もはかれます。

ここがPOINT

ADVICE！

宿題の丸付けをしているときには、「○○さん、文字が丁寧！」「おうちの人のサインがかわいい！」などポジティブ視点の実況もありです。

子どもと同じ
ポーズをとる

「子どもと同じポーズをとる」ことも、子どもたちに安心感をもたせることにつながっていきます。ここで具体的な効果を探ってみましょう。

▶ 「同じ」に安心感を覚える心理

　人は、「同じ」であることをきっかけに安心感を覚えるということがあります。例えば、「同じ色の服を着ていた」「同じ食べ物を食べた」「同じ趣味をもっている」……。

　それは、「同じ姿をする」ことにも通じるところがあります。子どもたちの身振り・手振りや表情、ポーズなどを教師も同じようにやってみましょう。

▶ ミラーリングで安心感をあたえる

　相手と同じ動きをして、相手に安心感をあたえるスキルを、「ミラーリング」といいます。相手が大きな身振り・手振りで話をしていたら、同じような身振り・手振りで話を聞き取り、相手が真剣に話をしていたら、じっと聞き取るようにしていくのです。

　子どもたちの気持ちのトーンや話し方、テンションなどを丁寧に観察して、同じ様子を教師がとることで、子どもたちに安心感をもたせていきます。

▶ 同じ動作をすることで相手の「世界観」を探る

P.38〜39で紹介した「バックトラッキング」とも共通することとして、同じ動作をとろうとするためには、相手のことをよく観察しなければなりません。つまり、相手に興味・関心を向けることによってはじめて、同じ身振り・手振りをすることができるのです。

同時に、同じような動きをすることで、子ども１人１人の世界観や思考を探ることに役立ちます。子どもと同じ動作をとることを通して、その子自身の心理状態や個性の理解を深めていくようにしましょう。

ここがPOINT

ADVICE！

授業中でも、ミラーリングは有効です。発言する子の身振り・手振りをさりげなく教師がマネすることで、安心して話すことができます。

話の中からキーワードを
キャッチする

子どもたちのおしゃべりの中には、子どもたちを理解するための
「キーワード」が潜んでいます。そのキーワードをキャッチできるかどうかは、教師の聞く力にかかっています。

▶ 子どもの言葉からキーワードを探る

「先生、ぼくな、昨日な、おばあちゃんの家に行ってな、そこで野球をやってな、ホームランが打ててん……」。こうした話を朝から元気よくしてきてくれた子どもがいたとします。このおしゃべりからつかみ取れるキーワードとは、何でしょうか。

基本的に、1年生の子どもたちの言葉は未熟であり、およそ文脈がつながっていないことがほとんどです。しかし、その中からキーワードを拾い上げていくことが、教師に求められるスキルなのです。

▶ キーワードは「知りたいこと」によって変わる

前述の朝から元気に話してくれた子どもの話ですが、この話を聞くまでの子どもとの関わりによってキーワードは変わってきます。例えば、通常の生活環境が心配されている子であれば「おばあちゃんの家」になりますし、最近野球をがんばっていることを共有しているのであれば「ホームラン」がキーワードとなります。

もちろん、子どもが伝えたいことは「ホームラン」であることには違いありませんが、大事なのはその背景にあることへのセンサーのはたらかせ方です。

▶ キーワードのつかみ方

　子どもの話の中に潜むキーワードは、その子の家庭環境や友だち関係、日々の取り組みなど、まさに十人十色です。つまり、キーワードをとらえるためには、まずは教師が子どもたちの背景を知っておく必要があるのです。

　まだ語彙が少なく、表現がつたない1年生の子どもたちが話す中にも、つかみ取るべきキーワードがたくさん詰まっています。特にキーワードが潜む可能性の高い「時」「場所」「人物」「出来事」には注意を向けて、子どもの思いや考え、状況把握に努めましょう。

ここがPOINT

聞きながらキーワードを探る！

ADVICE！

日頃から「キーワードは何だろう？」と意識的に思考をめぐらせることによって、子どもの言葉がよりくっきりと頭に入るようになってきます。

おもしろネタには「詳しく教えて！」

子どもたちの話の中には、「おもしろい！」ものがいたるところに転がっています。そうしたチャンスを逃さず、詳しく聞き出していきましょう。

▶ みんなに広められるものを積極的に深掘りする

「おもしろい！」とは、もちろん教師が個人的な感覚でとらえたことでも構いませんが、目指すべきは「クラスのみんなに広めたいこと」からの視点でキャッチしたものです。

例えば、授業に関すること、クラス全体に伝えるとよりよい方向へと向かっていけるようなエピソード、読んでほしい本などです。1人の子どもからクラス全体へとつなげられるように、教師が積極的に深掘りスキルを発揮していきたいものです。

▶ 授業に関するおしゃべりでチャンス到来

特に「授業と生活がつながっている」と思えたものについては、ぜひ取り上げていきましょう。具体的には、「秋見つけ」などの授業を生活科で行った後に「何かドングリにもいろいろな形のものがあったよ！」と子どもが発言していたら、「どんなどんぐりだったの？　詳しく教えて！」というように切り込んいくのです。また、「図書室で○○という本がすごくおもしろかったよ！」という発言も、国語科へとつなぐチャンスです。

子どもたちのおしゃべりからつかんだネタを、どんどん授業の中に活かしていきましょう。

▶ おしゃべりから授業と生活をつなぐ

　教師が子どもに詳しく聞いた話をクラス全体に広げていくことを習慣化していくことで、「おもしろいことがあったら、先生にまた伝えよう！」という意欲が子どもたちの中に芽生えていきます。

　授業に関連することであれば学びへと直結させることも可能となり、子どもたちも夢中になって「生活の中から授業に関すること」を探し出すようになるでしょう。子どもたちのおしゃべりにはしっかりと耳を傾け、ぜひ、意図的に授業につないでいきましょう。

ここがPOINT

日常の会話を授業につなぐ！

ADVICE！

子どもたちの話が授業に関連するものが多くなるのは、教師が深掘りできている証しです。より授業内容も豊かになっていくでしょう。

聞きながら
子ども同士をつなぐ

人懐っこさが際立つ1年生。教師のところへ集まり、その周りで過ごす場面が多くあります。このときが子ども同士をつなぐチャンスです。

▶ 話を聞きながら子どもの状況を観察

　担任のところにやってきて夢中でおしゃべりする子どもたち。1年生のクラスでは、ごく日常的な1コマです。こうした状況をよく見てみると、じつはいつも同じメンバーだったり、話をする子や輪の中に入ってくる子も同じだったりすることがあります。

　せっかく教師の周りに子どもたちが集まってきているのに、こうした状況をそのままにしていてはもったいないです。子ども同士をつなぎ、それをクラス全体へと波及させていくためにも、このときを好機ととらえましょう。

▶ 名司会者のように

　メディアで活躍している名司会者といわれる人は、話を振るのがとても上手です。実際、人気タレントのエピソードなどでも、「あのとき、司会の○○さんに話を振ってもらえたから……」と振り返りながら感謝のコメントをしている場面を見ることは少なくありません。

　常に、いいものはどんどん取り入れていく姿勢が大切です。教師も名司会者になったつもりで、教師のもとに集まる子どもたちに積極的に話を振り、すべての子どもたちが発言できるようにはたらきかけていきましょう。

▶ 子どもと子どもをつなぐ

　教師のもとに集まってくる子どもたちに「テンポよく話を振る」ことが
できるようになったら、次は「集まってきているけれど、お互いに話を
していない子ども同士をつなげる」ようにしていきましょう。

　例えば、いつも先頭を切って話をしている子どもに、「○○さんにも
聞いてみたら？」などと促すようにして、子ども同士が話をするきっか
けをつくっていくのです。

　その際、必ず子どもから子どもに話しかけするように意欲付けして、
新たな関係が生まれるようにつないでいきます。

ここがPOINT

TVの名司会者のように

ADVICE！

子どもの話を丁寧に聞き取りながらも、教師は常に「今、話ができて
いない子は誰かな？」と広くアンテナを張りめぐらしましょう。

「静か」をつくって子どもの声を聞く

1年生の子どもたちといえば、とにかく「元気いっぱい」というイメージが強いものです。だからこそ「静か」が大切なときがあります。

▶ 教室全体を見渡してみる

　元気いっぱいであることはもちろん、意欲にもあふれた1年生。授業時間も休み時間も、ほとばしるエネルギーを全開にして過ごし、常ににぎやかなイメージがつきものです。

　しかし、そうしたイメージに安心していてはいけません。教室全体を見渡してみれば、決してそうではない子がいます。実際、そうした子は、元気いっぱいの雰囲気をどう感じているのでしょうか。

▶ ペースについてこられない子はいないか

　日々にぎやかなクラスで過ごしていると、「今日もみんな元気だな〜」と無意識に安心感を抱いてしまうものです。しかし、その雰囲気についていけない子の存在があることも、教師として忘れてはなりません。本当は授業中に意見を言ってみたいけれど、みんなのペースについていけず、発言できないような子もいるかもしれないのです。

　にぎやかさにかき消されてしまう子どもの思いや躊躇なども、丁寧にキャッチしていくことが重要です。

▶ 「静か」だから発言できる子がいる

だからこそ、教師が意図的に「静か」をつくる必要があります。それは例えば、授業中の教室での外の風の音しか聞こえないようなシーンとした空間です。そうした雰囲気の中だからこそ、自分のペースで挙手をしたり、決して大きくはないながらも声を出して発言できる子がいるのです。

元気いっぱいの陰に隠れてしまいがちな子どもの声や意欲を決して逃さないように、日に何度か「静か」の効果を活用する場面を設けて、クラスの子すべての思いや声を聞いていきましょう。

ここがPOINT

"静か"だから発言できる子もいる

ADVICE！

「静か」をつくるには、まずは教師の声量を落とす必要があります。静かな空間をつくりたいときは、そこを意識していきましょう。

LESSON
10

クラス全員への
言葉かけを忘れない

「子どもの声を聞く」の基本中の基本、それは「クラス全員への言葉かけ」です。担任として、1人1人への毎日の「ひと声」を大切にしましょう。

▶ 大切なのは子どもとの関わり

　クラスの人数にもよりますが、1日のうち、一言も話をしないで「さよなら」となってしまうような日はないでしょうか。例えば、35人学級であれば、本当にたくさんの子どもたちが教室で過ごしていることになります。教師が何も意識しなければ、「そういえば、あの子と最近話していないな〜」といった状況に陥ることもあるわけです。

　どれだけ多忙であっても、学校生活で不可欠なことは教師と子どもとの関わりです。そのことを決して忘れないようにしましょう。

▶ ザイオンス効果の視点から考える

　心理学に「ザイオンス効果」と呼ばれる理論があります。これは、人との信頼関係は接触回数で決まるといわれるものです。

　単純に考えると、教師が声をかけている回数が多い子どもほど信頼関係を強くすることができると考えられます。逆に、接触回数の少ない子どもは、それだけ教師との信頼関係が結べていないことになってしまいます。

▶ 「毎日1人ひと声」システム

ザイオンス効果から考えても「1日のうち、少なくとも1回は子どもに声をかける」ことが大切であることが分かります。そのためには、例えば、「授業の中で1回は必ずノートに丸をする」などのシステムを取り入れることがおすすめです。

そうすることによって、限られた時間の中でも必然性を伴ったかたちで効果的に言葉かけの機会をもつことができます。

「声をかけよう」と意識を上げたところで、忙しさのあまり漏れが出ないともいえません。「毎日1人ひと声」を実現させるためにも、授業中に必然的に言葉かけをするシステムを導入していきましょう。

ここがPOINT

1日1回はノートに丸を付けて「毎日1人ひと声を」

ADVICE！

「今日誰とどんな話をしたか？」を放課後の教室で思い出す作業や、名簿と連動させたチェックメモの活用もおすすめです。

「聞く」をより効果的にする「間」のとり方

子どもたちに話す場面のみならず、「間」はとても大切なスキルです。国語授業名人の野口芳宏先生は、「間」について次のように言います。

「間」がないのは「間抜け」

「間」を間違えるのは「間違い」

この2つの言葉は、「話をするときには、間を失念してはいけない」「間のとり方のタイミングが大切である」という2つのことを教えてくれています。例えば、名人といわれる落語家の間のとり方が本当に見事です。絶妙な間があるからこそ、私たちは落語家の「語り」という声だけの表現に引きつけられていきます。

では、どのようにしたら、この「間」を上手にとることができるのでしょうか。

- 話と話の切れ目
- 大切な話をする前
- 子どもたちにいったん立ち止まってほしいタイミング

しかし、上手に間をとることに慣れるまでは少し時間がかかります。まず、「間をあけているつもりなのに、実際はぜんぜんあいていない」という壁に当たります。これを防ぐには、「間は3秒以上あける」と意識しましょう。つまり、話をしている途中で、「3秒間しゃべらない」という場面を設けるのです。心の中で「1、2、3」とかぞえることで間をしっかりとることができます。

さらに、「え〜」「えっと」「ん〜」などを言わないと決めること。これらが出そうになったら、グッと我慢です。教師は、「次に何を話そう」と考える時間になりますが、子どもたちからすると、「先生は次に何を話すのだろう」という注目を集める時間になります。

「問いかけ」を駆使！
学校生活を
どんどん好きにさせる
「聞く」スキル

1年生にとって、学習よりも先に乗り越えなければ
いけない課題が学校での生活です。
「学校生活」を指導する場面で、
適切な問いかけをしていくことで、
主体的な子どもたちを育てていきましょう。

問いかけで安心感と 自己決定を引き出す

子どもたちへの「問いかけ」により、子どもたちは物事を自分で考えるようになります。その答えを教師がしっかりと受け止めて「聞く」ことで、子どもはますます自分の考えを深めていきます。

▶ 「自己決定力」を育てる

「問いかけ」は、子どもたちに自己決定を促していくための非常に有効な手立てです。例えば、「宿題を早く提出しましょう」と直接的に指導するよりも、「今、何をするべきだと思う？」と聞くように、子どもたち自身に答えを見つけさせるように導いていくほうが、自己決定のできる子どもを育てることにつながります。

こうしたやりとりを日々根気よく積み重ねていくことで、子どもたちにとっての大切な自己決定力を育てていくのです。

▶ 自己決定の鍛錬に欠かせない教師の聞く力

「問いかけ」が大事だといっても、それだけでは意味がありません。特に1年生であれば、子どもは「自分の答えで合っているのかな？」「これでいいのかな？」と大きな不安を抱えてしまうことでしょう。

そこで欠かせないのが、教師の聞く力です。教師が笑顔で頷きながら聞いているその姿や、「何でも言っていいよ」という受け止める表情が、子どもたちに安心感をもたらし、子どもたちは自分の考えにフタをせずに、深めていくことへとつながっていくのです。

▶ 自己決定は安心感あってこそ

　子どもが安心感を抱くことなく自己決定をしていたら、それは教師の顔色をうかがっているのではないかと疑いましょう。戸惑いや忖度が少なからずはたらいて、子どもが自分自身で決めているという状態ではないからです。

　子どもたちは安心感があるからこそ、自分の決定を信じることができるのです。まだ幼い1年生であればなおさらその傾向は強いです。自己決定力を支える安心感は、教師が生み出すものなのです。

ここがPOINT

安心感の中だから自己決定が生まれる

ADVICE！

問いかけてもうまく答えられない子がいたときには、「Aにする？Bにする？」など選択肢をあたえて決定させていくことが有効です。

がんばりたいことを
聞いて自己選択させる

時間割によって子どもたちの1日のスケジュールが決まります。これをうまく活用して子どもたちの自己選択力・自己決定力を育てましょう。

聞き方の例

「今日、がんばりたいことは？」

NG!

「全部！」と言う子がいます。意欲や元気が感じられていいのですが、「その中でも特にがんばりたいことは？」と問いかけることで、自分で選択する練習をさせていきましょう。

▶ 時間割を有効活用

　学校生活には、必ず「時間割」があります。その日学ぶべきことが決められたものではありますが、視点を変えれば、それは「自分ががんばりたいことのメニュー」のようなものともいえます。ぜひ、この時間割というツールを活用しましょう。

　特に、朝の会が有効です。「今日、がんばりたいことは？」と問いかけることで、子どもたちは「私は体育！」「僕は算数！」などというように自己決定する機会を設けることができます。

▶ 大切なことは子どもの声から

　こうした問いかけで大切なのは、子ども自身に「自分で選んでいる」という感覚をもたせることです。教師から「運動会が近づいているので、体育をがんばりましょう」と呼びかけるのではなく、「運動会が近づいているから、体育をがんばろう」と子どもたちが言いたくなるような環境をつくっていくように仕掛けていきます。

　「大切なことは子どもから言わせる」ことを意識してみてください。

▶ 「がんばりたい！」は見通しをもつこと

　「どうしようかな？」「何にしようかな？」と考え、選んでいくためには、まず、その日1日で何が行われるのかを子どもたちが知っていることが前提です。教師の問いかけで、子どもたちは教室の時間割を確認し、1日に何が行われるかをチェックしてから、「がんばりたいこと」を決定していきます。

　つまり、「今日、がんばりたいこと」を聞くことは、子どもたち自身が1日の見通しをもつことにもつながります。

> **FOLLOW UP !**
>
> だんだん慣れてきたら、「具体的には？」と聞くようにします。理由を考えさせることは、自分のめあてを立てることにつながります。

LESSON 03

問うことで自己選択・自己決定させる

1年生の子どもたちは、休み時間でさえ自分が何をしたらいいのか、どう過ごしたらいいのか、見通しがなかなか立てられないものです。そこで効果的な一工夫です。

聞き方の例

「休み時間、何してあそぶ？」

NG！

ここで時間をかけていては逆効果です。「運動場で遊ぶ人？」「教室で遊ぶ人？」などと教師が端的に問いかけましょう。その際、子どもに挙手させるのもOKです。

▶ 休み時間に何をするのか、大きな選択権がある

　授業の時間は、みんなが同じ場所に集まり、教師の指示のもと進行していきます。その中には、小さな自己選択・自己決定はあるものの、基本的には自分で大きなことを決めることはありません。

　それと比べて、休み時間は違います。どこで過ごすのか、何をするのか、誰といるのか、1つひとつを自分で決める必要があります。子ども自身に選択権がある時間ともいえるでしょう。

▶ 休み時間を自己選択の場に

　大きな選択権がある休み時間は、子どもたちの自己選択力・自己決定力を育てるチャンスです。育てるといっても、難しいことはありません。ちょっとした工夫で鍛えることができます。具体的には、教師から「休み時間、何して遊ぶ？」と聞くようにすればいいのです。

　すかさず、「運動場で○○をする！」「教室で○○をする！」という声が上がってくることでしょう。自分で「どこで」「誰と」「何を」を意識的に決定させる場をつくり出すのです。こうした日々の積み重ねによって、自己選択力・自己決定力は確実にアップしていきます。

▶ 自己選択できない子をフォローする

　朝の会などでも、「休み時間、何して遊ぶ？」という問いかけは有効です。1日の始まりに、みんなで共有していくことで、「休み時間、何をしたらいいのか分からない」という子どもへのヒントにもなるからです。「みんなは休み時間に○○をしているんだ」と知ることで、「じゃあ、自分は○○しよう」と思考し、選択することにつながります。

　ぜひ、休み時間の過ごし方をクラスで共有していきましょう。

> ▷ **FOLLOW UP !**
>
> 休み時間の後には、「休み時間、どうだった？」と問いかけをすると、自分が何を選んで行動したかを振り返らせることができます。

LESSON 04

問いかけで子どもたちの思考をリセット

つい興味・関心が先走って前のめりになってしまい、「今、何をすべきか」が分からなくなりがちな1年生。そんなときこそ、問いかけです。

聞き方の例

「今は、何をしたらいいのかな？」

問いかけが思考をリセットする

NG！

教師が不機嫌になって怒るように問いかけることは厳禁です。それでは、「先生が何を思っているのか？」ばかりを気にする子を育ててしまい、冷静に思考していく力を奪ってしまいます。

▶ 1年生だからこそ

　すぐに周りが見えなくなってしまい、興味・関心ばかりに暴走しがちな1年生の子どもたち。見方を変えれば、これは「夢中力」とも呼べる力で、この時期ならではの突出した能力です。

　しかし、ともすれば、状況を考えず、「今、やるべきことを見失ってしまう状態」にも陥ってしまいます。そこで、教師の聞く力の出番です。冷静に、「今、何をしたらいいのかな？」と問いかけましょう。

▶ 一度、思考をリセットさせる

　教師から「今、何をしたらいいのかな？」と問われた子どもたちはハッとすることでしょう。それまで脇目もふらずに夢中になっていた取り組みをいったん止め、周囲を見渡し始めます。

　「今、何をしたらいいのかな？」という問いかけには、子どもたちの思考を一度リセットし、周囲を自分から見渡すといった行動につなげる効果があるのです。

▶ 思考リセットで自己選択・自己決定できる

　いったん思考をリセットした子どもたちは、状況を確認し、「今、やるべきこと」を探し始めます。ここでも、「自分で探す」「自分で選ぶ」「自分で決める」といった自己選択・自己決定の要素が含まれます。

　もしも、察知できている子が少ないのであれば、「○○さん、今何をしたらいいですか？」などと指名して、その子たちの「選択・決定」を1つのモデルとして発表させてもいいでしょう。

＞ FOLLOW UP！ ＜

子どもが自己選択・自己決定した後には、「よく気が付いたね」「そうすることにしたんだね」と承認します。行動の定着がはかられます。

問いかけで子どもたちの「聞く姿」を育てる

教師の話、友だちの話……学校ではたくさんの「聞く場面」があります。子どもたちの聞く力を育むためにも、「問いかける」を活用しましょう。

> 聞き方の例

「今は、どこを向くといい？」

今はどこを向くといいかな？

〇〇さんの
ほうを向こう

今はこっち！

問いかけで「聞く力」を！

> NG！

聞く姿勢が、かたちだけにならないようにしなければなりません。「話している人におへそを向ける」ことは大切なことですが、同時に「心も向ける」ことも指導していきます。

▶ 学校生活は聞く場面であふれている

　朝の会、帰りの会、そして、授業と、学校生活にはとにかく「聞く」場面が多くあります。それは、教師からだけではありません。発表する友だち、その他にもお世話になる方々（校長先生、他学年の先生、ゲストティーチャーの方など）がたくさん登場してきます。

　こうしたさまざまな場面を疎かにせず、子どもたちの成長の場へとつなげていきましょう。このときに大切なのが、「静かにしなさい」などと直接的な指導の言葉かけをしないことです。

▶ 答えを子どもたちが見つけられるように

　直接的な指導をしないのであれば、どうするといいのでしょうか。それは、「どうするべきか？」を子どもたちが自分自身で答えられるような「問いかけ」を準備しておくことです。例えば、「今は、どこを向くといい？」と問いかけをすれば、子どもたちは話している人を自分で探していくことでしょう。

　問いかけは、子どもたちが何をするべきなのかを自分自身で考え、決定させていく力をもっています。

▶ 発言内容に興味・関心をもたせる

　さらに、「発言内容」に子どもたちに着目させたいときには、「○○さんは、これから何て言うのかな？」と発言前に問いかけをしたり、「○○さんの意見のどこがすごいと思った？」などと発言後に問いかけをしたりして、子どもたちの思考にゆさぶりをかけていきます。

　このように、問いかけは、子どもたちに対する教師の願いによってどんどん生み出され、効果的なはたらきを起こしていくのです。

⟩ FOLLOW UP！ ⟨

「よく聞いていたね！」「よくその言葉に気付いたね！」など、聞き方のレベルアップにつながるような「賞賛」をセットで伝えていきましょう。

問いかけのステップアップで時間を意識させる

学校生活は「時間」でまわっているといっても過言ではありません。子どもたちが時間を見て行動できるよう、1年生で身につけさせたいものです。

聞き方の例

「時計の針がどこまできたら？」

NG！

「授業で習っていないから……」と時計や時間を子どもたちから切り離してはいけません。どんどん慣れさせていきましょう。

▶ ステップ１：時計を意識させる

　まずは授業の中で、「時計」を意識させることから取り組んでいきましょう。「○時○分になると始めます」「○時○分になったので終わります」などのように、授業中の何気ない場面で、教師が具体的に時間について取り上げるようにしていくのです。

　その際、できるだけ子どもたちと一緒に時計を見るように心がけ、視覚からも定着をはかるようにします。

▶ ステップ２：長い針に着目させて問いかける

　時計に対して、子どもたちの興味・関心や慣れ親しみをもたせられたら、ここで「問いかけ」を入れるようにします。具体的には、「長い針がどこまできたら？」と、まだ時計の読み方に慣れていない段階では大まかに感覚をつかませるようにします。

　だんだんと慣れてきたら、徐々に「何分になったら？」という問いかけにステップアップさせていきます。

▶ ステップ３：時間の長さを問いかける

　時計の針の動きに慣れ親しんできたり、クラスの中に時計が読める子が出てきたりしたら、「次の授業は、何時から始まる？」「何分までにできそう？」などと「時間」を問いかけてみましょう。さらには、「何分間でできそう？」などと時間の長さを聞いてもいいでしょう。

　このようにスモールステップ式に段階を踏んでいきながら、子どもたちの時間感覚を養っていくようにします。

> ⟩ FOLLOW UP！
>
> 「時計が読める子」をモデルにして問いかけていくのも効果的です。競争意識が刺激され、他の子どもたちもどんどん答えたくなるものです。

「物の準備」が自分で
できるようになる問いかけ

授業をはじめ学校生活では、物の準備ができるか否かは子どもたちの成長に大きく関わります。自分の物を見通しをもって準備させましょう。

聞き方の例

「次の授業で必要なものは？」

NG！

準備に時間がかかる子をそのままにしてはいけません。はじめは付き添って、できるだけ一緒に取り組んでいくことが大切です。もちろん、その際には、問いかけも忘れずに。

▶ 「物の準備」ができる子に育てる

　自分の持ち物の準備がスムーズにできるかどうかは、1年生のクラスを安定させるだけではなく、その子にとって、その後の学校生活での取り組みに大きく影響するため、非常に大切な要素となります。

　P.66～67で述べた「時間感覚」と同じく、「物の準備」についても毎回の授業で不可欠のことです。ここでも「教える」と「問いかけ」をうまく連動させながら、段階を踏んで、子どもたちに自分の物を自分で用意する習慣を身につけさせていきましょう。

▶ まずは基本を教え込む

　「物の準備」は、成果が目に見えてはっきりとするものです。できている子とできていない子の状況は、誰が見ても明らかです。

　そのため、できている子を見本にしたり、具体的に賞賛することもできます。できている子を見本に活用しながら、物の準備の「仕方」をきちんと教えましょう。何が必要なのか、どこに置くといいのかなど、具体的に示しながら丁寧な指導を行っていきます。

▶ 基本を教えてから問いかける

　基本の型を教え、何度も繰り返し取り組ませてから、次の段階で「問いかけ」も行うようにします。例えば、「次の授業では何が必要？」「どこに置くとよさそう？」などと、子どもに気付きをあたえたり、自分で考えさせたりするようにしていくのです。

　こうした問いかけを積み重ねていくことで、徐々に教師が何も言わずとも、次の授業準備を行う子が現れてきます。それを見逃すことなく、クラスの前で取り上げて、全体へと波及させていくのです。

> ╭─ **FOLLOW UP !** ─╮
>
> 自分から物の準備をすることが身につくと、次は素早く準備ができる子が現れて、教師の手がかからなくなることも見通しておきます。

LESSON 08

子どもたちが安心する
給食での問いかけ

給食の時間は子どもにとっても教師にとっても大事な時間です。
丁寧な給食指導により、給食の時間を楽しく過ごせるようにして
いきます。

聞き方の例

「どれだけ食べる？」

NG！

「たかが給食」と見くびっては、絶対にいけません。はじめての学校生活に
おける給食です。教師が考える以上に子どもたちにとっては大きな問題で
あるという前提から指導の手立てを考えましょう。

▶ 子どもたちにとっての給食をイメージする

「給食が嫌だから、学校に行きたくない」という子どもの声を耳にすることは少なくありません。特に１年生の子どもたちにとっては、「給食で何が出るのか」「嫌いな食べ物が献立の中に入っていないか」などと、気になる問題がさまざまにあるものです。

毎日の昼食時間と軽くとらえずに、学校給食にはじめて出会う１年生の気持ちをあらゆる視点から想像しましょう。登校に大きく影響してしまうこともありますので、決して給食を軽く見てはいけません。

▶ 「安心して食べられるか」がポイント

給食指導の大前提は、子どもたちが「安心して食事ができること」です。食わず嫌いを教師が強制して食べさせるわけにもいきません。

もちろん、子どものもつアレルギーには多大な注意を払います。その上で、取り組みやすい給食ルールが、「嫌いなものも一口は食べましょう」です。同時に、「減らしシステム（食事をとる前に自分の食べることのできる量に減らす）」も取り入れていくことによって、子どもの給食ストレスは軽減されます。

▶ 「食べる量」を子どもに決めさせる

前述の「減らし」を行う際に効果的な問いかけが、「どれだけ食べる？」です。ポイントは、減らす量を、教師ではなく子ども自身に決めさせることです。「嫌いなものも一口は食べる」というルールがあるので、食べないことはできません。また、自分で決めた量なので、子どもの中に「がんばろう」という思いが芽生えます。

ぜひ、「その子の決めた量から」出発していってください。

> ⌐ **FOLLOW UP !** ¬
>
> ごく少量しか食べない子も、給食時間が楽しいと実感させることで、「あと少しがんばろうか」と問いかけられる時期がきます。

掃除指導での問いかけで
自己評価できる子に

毎日の掃除時間の中で、子どもたちに自己評価のトレーニングを行うことができます。スケーリングを効果的に用いて挑戦してみましょう。

聞き方の例

「今日の掃除は、何点かな？」

NG！

「〇〇さんは1点だ！」などと教師が決めつけるのは厳禁です。スケーリングは、自分自身で点数をつけるから意味があるのです。

▶ スケーリングを使ってみよう

「今日の掃除は、何点かな？」というように、自分自身の行動などを自己評価させる方法を「スケーリング」といいます。その一番のメリットは、手早く自分自身を振り返ることができることです。

点数は、「4点満点」「6点満点」のように偶数で設定し、中間になる点数をつくらないことがポイントです。また、大きな数にする場合も、「10点満点」までとしておきましょう。

▶ 自分の点数を教師に見せる

取り組み方は、掃除が終わってから、「今日の掃除の点数は4点満点中、何点でしたか？」などと問いかけるようにします。そして、「自分の点数を指で表して先生に見せてください」と指示すれば、あっという間に誰が何点を選んだのかが見えます。

このとき、すべての子を把握することはなかなか難しいので、掃除に取り組む様子を見守りながら、その都度、生活指導上で気になる子や把握したい子を選ぶようにしておくといいでしょう。

▶ 自己評価の機会をつくり続ける

もしも、「がんばっている子の数字が低い」「遊んでいたのに満点を出している」という子がいても、ひとまずは見守り、その後も自己評価の機会を確保していくようにしましょう。決して教師が口を挟んだり、反論したりはせずに、子どもに自己評価を何度も繰り返させていくのです。すると、徐々に自分に見合う数字を選ぶことができるようになっていきます。

子どもが「自分で選ぶ」という体験を確保し続けることが大切です。

> **FOLLOW UP！**
> 自己評価に慣れてきたら、「自分の点数にあと1点プラスするには？」という問いかけが有効です。行動のレベルアップが促されます。

問いかけで前向きな状態をつくる

1日を終えて、子どもたちがどのような状態で家庭に戻るかは、とても大切なことです。帰りの会でも、前向きな気持ちがもてるような問いかけを活用していきましょう。

> 聞き方の例

「今日、楽しかったことは？」

NG！

くれぐれも「えっ、そんなこと？」といった反応や盛り下がるような雰囲気をつくらないようにしましょう。どんな小さなことでも認めるように教師が積極的に賞賛していきます。

▶ 脳は問いを避けられない

　下校時に子どもたちに考えてほしいこととは、何でしょうか。「脳は問いを避けられない」とよくいわれるように、例えば、「1＋1は？」のようなごく簡単な質問であっても、問われれば「2」と答えたくなるものです。子どもたちなら、「今日の給食でおいしかったものは？」と問えば、すかさず今日の給食のメニューを思い浮かべるでしょう。そうした思考のメカニズムを活用しない手はありません。

　「今日、楽しかったことは？」という問いかけは、帰りの会で特に大活躍します。

▶ 「前向きな思考」を意図的につくり出す

　下校時に子どもたちに持ち帰ってほしいこと、それは「前向きな思考」ではないでしょうか。学校生活では、いろいろなことが起こります。日々、いいこともあれば、当然、嫌なことも起こります。それでも、下校時には「楽しいこと」「がんばったこと」「うれしかったこと」を一番に思い浮かべて家庭に戻ってほしいのです。

　だからこそ、「楽しかったことは？」と問いかけることが大切なのです。

▶ 全体発表で前向きな雰囲気をつくる

　思い浮かべさせるだけではなく、数名、帰りの会で発表する時間をとるようにします。もちろん時間がかかりますので、1日2〜3名で十分ですが、ときには全体発表する日を設けると、クラス全体があたたかい雰囲気に包まれ、自然に拍手が湧き起こるような一体感も育っていくことでしょう。教師が意図的に前向きな雰囲気をつくり、元気に下校させるようにするのです。

> ▶ FOLLOW UP！
>
> ときには、「今日、新しく分かったことは？」と授業につなげる問いかけも有効です。授業内容と連動させることで学習意欲も上がります。

1年生への「聞く」指導ポイント ①

ここでは、教師の聞き方ではなく、「子どもたちへの聞く指導」について考えてみましょう。今、学校は、子どもたちが主体となるような学習への転換がはかられており、子どもたちが聞くだけではなく、自分から進んで学習などに取り組むことが求められています。

そのような状況では、子どもたちの「聞く力」への意識が下がってしまいがちですが、「聞く」ことができなければ主体的になることもできません。その理由は、以下の4点です。

- 主体的な学習といっても教師からの学習の説明は必ずある
- 学習だけではなく教師からの事務連絡を聞く場面も多くある
- 主体的な学習の仕上げの多くは「発表」する場面が設けられている（発表者がいるということは、必ず聴講者が存在する）
- 「主体的」が重要でも「聞く」から学ぶことが多くあるのは変わらない

では、1年生の子どもたちに、どのようにして「聞く」を身につけさせていくといいのでしょうか。

まずは、「姿勢を正し、何も持たずに話を聞く」という基本的なポイントをしっかりと押さえさせるようにしましょう。ただし、聞くだけでは、子どもたちは飽きてしまいます。「先生は何と言いましたか？ お隣さんに伝えてみましょう」などといった確認の時間を少しでも取るようにしてみます。

ここできちんと言うことができれば、「先生の話をきちんと聞けた」という自己評価にもつながり、達成感を感じさせることができます。

そうした日々の工夫の積み重ねで、子どもたちはより主体的に聞く態度を身につけることができるようになります。

COLUMN 4 に続く

「勉強っておもしろい」を
体感させる！

授業づくりの
「聞く」スキル

「勉強がおもしろいかどうか」を
子どもたちに体感してもらうには、
教師の「聞く力」が大きなカギを握ります。
子どもたちの思考のスイッチを入れ、
子どもたちが楽しいと感じる授業を
つくっていきましょう。

子どもたちの「声」で
授業をつくる

子どもたちの声で授業がつくれるかどうか。これができるように
なると、学習の質は格段に上がり、たとえ1年生でも思考の深ま
りが起こります。それを可能にするのが、「教師の聞く力」です。

▶ 傾聴する授業を目指す

「授業は教師ではなく、子どもたちが主役だ」とは、よく聞かれるフ
レーズです。しかし、さまざまな研究授業や公開授業などで、「教師が
教えるのではなく、問いかけている授業」、さらには「傾聴している授業」
に出会うことはなかなかありません。

子どもたちが自分たちの考えや意見を語り、それを教師が「うんうん」
「なるほど」と傾聴している授業、そんな授業を目指したいものです。

▶ 教科書は子どもの声が生まれるように
　仕掛けられている

ここで、毎日、授業で使用する教科書に目を向けてみましょう。基本
的に、教科書は子どもたちが自分自身で読むことができるようにつくら
れています。また、教科書はさまざまな視点によって工夫が凝らされて
おり、「子どもたちの声」が生まれるような仕掛けがなされています。

そのような工夫があることを、まずは教師が認識し、教師自身がその
意図を読み取れているかどうかが、子どもたちの声を引き出すポイント
になります。

▶ 「問いかけ」と「傾聴」

　子どもたちの声を引き出すには、子どもたちが「答えやすい」「答えたい」と思える問いかけができているかどうかが重要です。同時に、その問いかけに対する子どもたちの答えをしっかりと教師が傾聴し、聞き取っていかなければなりません。

　「子どもの声でつくる授業」となるかどうかは、教師の「問いかけ」と「傾聴」の質にかかっています。教科書の内容を細やかに教え込むのではなく、子どもに気付きをあたえ、深く思考させていくことが教師の役割だからです。

ここがPOINT

ポイントは傾聴と問いかけ

ADVICE！

子どもの意見を丁寧に傾聴すると、問い返したいワードが浮かんできます。それを問いかけることで教師と子どもでつくる授業になるのです。

まずはたくさんの意見を聞き出す

「子どもの声を聞く授業」にする第一歩が、本項で扱う問いかけです。まずは、この問いかけをとことん使いこなすことで子どもたちの気付きを引き出していきましょう。

聞き方の例

「気が付いたこと、？と思ったことは？」

NG！

いきなりレベルの高いものを求めてはいけません。「こんな意見を聞いて、意味あるのかな〜」というくらいのものからスタートです。

▶ 教科書と子どもの可能性を最大限に引き出す

　教科書にはさまざまな資料が掲載されています。それは例えば、写真、イラスト、データ、問題などです。そして、このような資料は、すべて1年生の子どもたちが学習する上で必要なものとして掲載されています。

　ほとんどの資料に、直接的に教えてくれるものではなく、間接的に「子どもたちが気付くように」というねらいが込められています。

▶ より詳しく資料を見るために

　前述のことからも、教科書の資料は「ぼんやりと」見たり、「だいたいで」見たりするのでは不十分です。目をこらし、考えをめぐらせながら、丁寧に細かく見ていかなければ、その資料で気付くべき視点をキャッチすることはできません。

　そこで、「気が付いたこと、？（はてな）と思ったりすることは？」という問いを投げかけます。子どもたちがより細かく資料を見るようにといざなう工夫です。

▶ ハードルを下げる

　この問いかけは、じつはとても大きな問いで、使い始めでは、子どもたちもうまく意見が言えないかもしれません。そんなときには、「どんな小さなことでもいいよ」「『葉っぱがある』など目に見えているようなことでいいんだよ」というように、例を示してハードルを下げていきます。すると、子どもたちは安心して、どんどん意見を出していくことでしょう。こうした「気付き」を積み重ねていくことで、より丁寧に読み取ることができるようになります。

> ⎡FOLLOW UP！⎤
> どんな意見が出ても、「うんうん」「おもしろい！」と子どもたちの声を
> 傾聴・賞賛するようにしましょう。だんだん鋭い意見に変化します。

聞くことで
子どもたちの実態チェック

授業において、子どもたちの実態把握につなげられる問いかけがあります。そこから生まれる意見には丁寧に耳を傾けていきたいものです。

聞き方の例

「どんな意見を言ってもいいよ？」

NG！

意見を出していない子を置いてきぼりにしてはいけません。意見を出した子と同じように、意識を向けることが必須です。

▶ まずは注意深く耳を傾ける

授業の開始時点で、教師は子どもたちがどのような意見を出すのかを注意深く聞いておかなくてはいけません。

子どもたちの声で授業をつくっていくためにも、スタート時点で「子どもたちの実態をつかむ」問いかけが欠かせないことを押さえておきましょう。

▶ 子どもが何に気が付いているのか

例えば、授業冒頭である写真を見せたときに、「何か気が付いたことはあるかな？」「？（はてな）と思ったりすることは？」と聞いてみます。このとき、だだ意見を言わせていくだけではなく、子どもたちがどのような意見を出してくるのか、その内容・視点をよく聞き込んでいきましょう。

具体的には、「ただ、写真を見て気が付いたこと」なのか、「写真の中の肝となる要素から見つけたこと」なのか、「写っていることから、写っていないことまでに気が付いているのか」などです。

▶ 子どもの意見を判断する

こうして子どもの声を傾聴し、そして判断していきます。そうすると、授業の内容に対して、子どもたちの気が付いていることを見つけたり、その後の展開で活用できる意見に目星を付けたりすることができます。

この繰り返しにより、教師の問いかけで生まれた子どもたちの声を授業に活かすことができるのです。

> **FOLLOW UP！**
>
> ここで出た意見は、その後の授業の中で、「○○さんの意見なんだけど……」と、子どもたちの名前を付しながらつなげていきましょう。

【国語科】
話の感想を聞く

国語科で扱う教材といえば、「物語文」「説明文」が多くなります。これらの素材を学習する第1ステップとして、基本となる発問があります。

聞き方の例

「お話を聞いて思ったことは？」

NG！

ここで出た意見が、教科書の学習計画に迫るものでなくても焦ってはいけません。子どもが素直に感じたものとして聞き取りましょう。

▶ 名作がもつ力を活かす

国語科で登場する物語文や説明文。これらに共通する特徴は、「本物の作家が書いている」ということでしょう。特に物語文には、名作と呼ばれる多くの作品が収録されています。

では、それらの名作のよさを、子どもたちに最大限に味わわせ、学び取らせていくためには、何がポイントとなるでしょうか。それは、ストレートに感想を聞くことです。

▶ 「思ったこと」を細分化する

「思ったこと」というのは、言わずもがな「おもしろい」「うれしい」「悲しい」「腹が立つ」「何で？」などといったことです。

しかし、国語科の授業にはじめて取り組む1年生の子どもたちには、まだピンとこないかもしれません。「思ったこと」を細分化して伝えながら、特に1学期の間は、「思ったことというのは、例えば○○だよね」と繰り返し確認していきましょう。

これを積み重ねていくことで、「思ったことを先生に聞かれたら、こうしたことを考えればいいんだ」と安心して思考していくことができるようになります。

▶ 「意見」とつないで「本時の学び」をつくる

子どもたちから生まれた意見が聞き取れたら、それを単元の学習計画の中に入れていくことが、まさに子どもたちの声で授業をつくる第一歩となります。「教科書にも書いてあるよね」ではなく、「○○さんの意見の□□ということを考えてみよう」というように、本時へとつなげていくのです。子どもたちの学習意欲は、一気に高まります。

> ┤ FOLLOW UP ! ├
>
> 本時の学習内容を扱うきっかけとなった子には、「どうしてそう思ったの？」とインタビューすると、他の子にも気付きをあたえられます。

LESSON 05

【算数科】
資料から気付きを引き出す

算数科でも、子どもの気付きを出発点として学習を進められるようにできます。1年生だからといって、決して計算練習だけの時間にしてはいけません。

聞き方の例

「触ってみて、気が付くことがあるかな？」

NG！

実物に触れると落ち着きがなくなってしまうこともありますが、それを恐れてはいけません。せっかくの気付きを共有できるように、積極的に取り入れてみましょう。

▶ 算数科も子どもの気付きをメインに

算数科というと、「計算ができる」ようにするなど、どうしても「知識・理解」の面、つまりスキルに注目や評価が行きがちですが、それは算数科の1つの要素にすぎません。そのことを、教師がしっかりと理解していないといけないのです。

どの教科でも、まずは「子どもたちの声」から始めるのが原則です。計算領域でも、そうでない領域でも、子どもたちが感じたこと、思ったこと、気付いたことなど、「声」に耳を傾けていくことから始めます。

▶ 気付きの基本フレーズを活用

例えば、1年生では「かたち」という学習があります。立体の学習へとつながる初期の学習です。ここで、子どもたちは立方体や直方体、球体などの形に出会い、さまざまな気付きを得ていきます。

この場合も、前項で紹介した、「気が付いたことは？」という基本フレーズをぜひ活用してください。子どもたちはいろいろな意見を出すでしょう。

▶ 実物ならではの問いかけを入れる

実物を扱った学習では、実物ならではの問いかけを入れていきます。具体的には、「触ってみて、気が付いたことは？」というように、子どもたちの実感・実体験に迫っていくのです。すかさず、「トゲトゲしているところがある」「ツブツブしている」「スベスベで気持ちがいい」など、その形に合った気付きを子どもたちは表現するでしょう。

手で触る、目で見るといったリアルな体験が、問いかけによって子どもの思考をゆさぶるものになり、そこからさらに学習の本質に迫ることにつながります。

> ＞ **FOLLOW UP！**
>
> 例えば、「四角にはあるけど、丸にはない」のように、比較した意見と出会ったら「比べているんだね。すごい！」と価値付けしましょう。

【生活科】
経験から見通しをもたせる

生活科では、子どもたちがそれまでに得てきた経験と学習内容を密接につなげることができます。まずは子どもたちの経験を聞き取ることから学びのきっかけをつくりましょう。

〉 聞き方の例 〈

「○○について知っていることある？」

NG！

授業と関係がないからと、子どもの話をバッサリ切るようなことはNGです。子どもたちが語ってくれた経験談はすべて大切に扱いましょう。

▶ 子どもの経験も立派な教材である

　1年生の生活科では「秋見つけ」のように、子どもたちが小学校に入学するまでに得てきたそれぞれの経験を活用しながら授業を進めるものが多くあります。

　教科書や教師から出す資料のみならず、子どもたち自身がすでにもっている経験も立派な学習素材となります。常に、「子どもたちの経験も教材である」という視点をもち、それを積極的に活かすような取り組みを工夫していきましょう。

▶ 子どもの経験から学びをつくる

　そこで使いたいのが、「○○について知っていることはある？」という問いかけです。例えば、「秋について知っていることはあるかな？」というように、子どもたちの経験に刺激をあたえて考えを引き出していく問いかけを仕組むのです。

　子どもたちは自分自身が経験してきたことから考えが出せるので、無理なく答えられるでしょう。また、経験に基づくことをきっかけにした学びは非常にリアルなものになります。

▶ 体験と学習内容をつなぐ

　子どもたちの経験をたっぷりと聞き取ったら、早速、教科書の学習へと入っていきましょう。はじめの段階で子どもたちの経験を出し合ったことによって、そのままスムーズに教科書へとつなぎ合わせることができるようになります。

　こうした授業展開を積み重ねていくことで、「授業は自分たちの意見で進んでいくんだ」ということを子どもたちは体得していくのです。

> ╭─ **FOLLOW UP !** ─╮
>
> 子どもたちの経験は、通常の意見以上に丁寧に扱っていかなければなりません。その姿勢から、子どもの体験的な学びが引き出せます。

LESSON 07

【体育科】
運動のコツを質問する

体育科では、「できた・できない」が明らかになる場面が少なくありません。運動が得意な子も苦手な子も活躍できる問いかけを紹介します。

聞き方の例

「○○のコツは、何ですか？」

NG！

この問いかけに、「できるか、できないか」の判断は不要です。頭の中でコツを理解し、発表する権利は、クラス全員にあります。

▶ 体育科授業の特性を活かす

体育科で取り組む運動には、「コツ」を要するものが多くあります。器械運動をはじめ、ボール運動、水泳などがそうですが、だからこそ、「できた・できない」「うまい・へた」が明らかになってしまう、子どもたちにとっては少々残酷な学習教科でもあるのです。しかし逆に、「どこをどのようにすればうまくいくのか」「失敗しないのか」という具体策を挙げやすく、苦手を克服しやすい教科ともいえます。

▶ 問いかけからコツを伝え合うようになる

そこで、左の問いかけ「○○のコツは、何ですか？」の登場です。例えば、「前回りおりのコツは、何ですか？」のように聞いてみれば、子どもたちからは「おへそを見ることです」「ギュッと鉄棒を握ることです」「怖がらずに頭を下げることです」などと、いくつもの成功ポイントが出てくることでしょう。これをきっかけにして、子どもたちは自分たちで積極的にコツを伝え合うようになります。

▶ コツを聞く際の必須ポイント

コツを問いかけるときに意識したいポイントが、2つあります。

1つは、子どもたちが「主体的に考えている」こと。教師からの指示がなくても、最初の問いかけをきっかけにして、自分で考えたり、友だちと伝え合ったりするようなアクションが起こせることは大きな価値があるのです。また、もう1つは、子ども自身の言葉で語られること。特にこうした実技では、子ども同士の言葉・表現であるほうが理解しやすく、感覚的にもイメージしやすい場面が少なくありません。それを十分に活かしていきましょう。

> **FOLLOW UP !**
> なかなかうまくできない子がいれば、「ミニ先生」システムを導入してもいいでしょう。できる子にできない子を教えさせるようにします。

【音楽科】
歌うポイントを挙げさせる

苦手な子が多い教科ほど、問いかけが欠かせません。教師の想定を越えて、子どもたちからは多くのポイントが引き出されることでしょう。

聞き方の例

「どんなことがポイントになるかな？」

NG！

実技を伴う学習は、じつは教師自身が苦手なこともあるでしょう。しかし、そこでおじけづいてはいけません。そんなときこそ、子どもたちの意見に丁寧に耳を傾けていきましょう。

▶ 苦手と思う教科こそ子どもたちの声を活かす

じつは、私自身、音楽科指導を大の苦手としています。しかし、1年生の担任となれば、そこから逃げることはできません。実際、私の音楽指導は、まったくもって自慢できるものではありませんが、そうした一方で、子どもたちの歌声はたいへん素晴らしいものでした。

なぜ、そのような成果を生み出せたのか。それは子どもたちに問いかけ、「ポイント」に気付かせて、歌の技を引き出していったからです。

▶ 「モデル」を示して問いかける

子どもたちに気付きをあたえ、ポイントを引き出す方法は、驚くほど簡単です。教材として、子どもたちが課題として取り組む歌のCDが用意されているかと思いますが、これこそが歌い方のモデルであり、フル活用しない手はないのです。授業のスタート時点で、まずはこのCDを聞かせて目指すべきモデルを示し、子どもたちに「この曲を歌うときのポイントは何だろう？」と問いかけます。

▶ 意見に子どもの名前をつける

CDを聞いた上で、「ポイントは何？」と問うため、子どもたちは難なくさまざまな意見を出すことでしょう。「楽しそうな歌だから、明るい声で歌う」「ここは静かになっているから、やさしい声で」など、さまざまな視点から積極的に話してくれます。その際に忘れてはならないのが、出された意見に、「○○さんのポイント」として名前を付すことです。

自分の意見はもちろんのこと、友だちの名前の付いた意見を子どもたちは大切にし、そこを目指して努力していきます。そうして歌のレベルはどんどん高まっていくのです。

▶ **FOLLOW UP！**

挙げられたコツを意識して歌えている子を見つけたら、紹介していきましょう。競争心が刺激され、子どもたちのスキルはアップします。

【図画工作科】
問いかけで感性を引き出す

図画工作科では、特に1年生ならではの感性や創造力を十分に発揮させて学習を進めたいものです。ここでも、問いかけが有効です。

聞き方の例

「どんなことを感じた（感じる）？」

この前の運動会では、どんなこと感じた？

たのしかった！

玉がたくさん入ってうれしかった！

子どもの感性から作品をスタート

NG！

いきなり描き方を教えることは御法度です。まずはクラス全体で感性の共有化をはかることが必須です。それによって、はじめて作品に個々の子どもの感性が反映されていきます。

▶ 「子どもの感性を活かす」が大前提

図画工作科で取り組む作品には、テーマが設定されることがほとんどです。例えば、「遠足」「運動会」のように子どもたちの体験を活かすこともあれば、「ひかりの くにの なかまたち」「クルクル ぐるーり」（開隆堂、平成27年度版教科書）のように創作する題材もあります。

いずれも、子どもたちが制作していく作品には「感性を活かす」ことが求められますが、教師は、それを子ども任せにしてはいけません。

▶ 子どもの体験を扱うときの問いかけ

「遠足」「運動会」のような体験を題材にした作品に取り組むときには、「どんなことを感じた？」というように、それぞれが得た体験から子どもたちの感性を引き出す問いかけが効果的です。子どもたちは、「楽しかった」「お弁当がおいしかった」などとさまざまに意見を出します。それらの意見について、さらに「それってどんな感じ？」とイメージが生み出されるような問いかけを重ねていくのです。

▶ 教科書などの題材を扱うときの問いかけ

教科書の題材を扱う作品に取り組むときには、タイトルとモデル（教科書に掲載されている写真など）を用いながら、「どんなことを感じる？」と聞いてみましょう。そして例えば、「きれい」という意見が出たら、「どんな感じできれいだと思うの？」と問いを重ねます。

子どもの中にパッと生まれた「きれい」という思いを広げ、イメージが展開するように、問いかけを重ねて感性を引き出してあげるのです。そうして出された感性をクラスで共有し、作品作りに入っていきます。

> ┌ **FOLLOW UP !** ┐
>
> 問いを重ねたときに答えられない子もいることでしょう。そんなときは、「○○さんは何できれいと思ったんだろう？」と全体へ返します。

LESSON 10

【道徳科】
心が動いたところを聞く

道徳科は、子どもたち1人1人の心の表現ができる大切な時間です。丁寧に子どもたちの声を聞き取り、子どもたちの心の動きを読み取っていきましょう。

聞き方の例

「どこで心が動いたかな？」

NG！

イラストしかない教材だからと、意見の聞き取りをあきらめてはいけません。子どもが心を動かしたことについて聞くことは可能です。例えば、イラストに、○や×を書かせてみましょう。

▶ 子どもたちの「心の動き」を活かす

　道徳科の教材は、話材を中心につくられています。そして、授業のはじめでは、教師がそれを読み聞かせていくことがほとんどでしょう。

　1年生の子どもたちは、教師の範読が大好きで、しっかり聞き入ってくれるものです。また、聞き入りながら、さまざまに心を動かしています。そのときの子どもたちの「心の動き」が授業の原動力になると心得ましょう。心の動きを声に出してもらい、道徳科の授業をつくっていくのです。

▶ 心が動いたところに線を引く

　具体的には、どう進めていくといいでしょうか。まず、範読の前に忘れずに伝えておきたいのが、「心が動いたと思うところに線を引きましょう」「良いと思ったら○、良くないと思ったら×を付けましょう」という指示を入れます。これは、どの話でも同じようします。

　慣れないうちは、線を引くことに戸惑うかもしれませんが、「いくつ引いてもいいですよ」と声をかけながら取り組ませていきましょう。

▶ 心が動いたところを交流させる

　範読が終わったら、子どもたちに心が動いたと思うところや、○や×を付けたところを発表してもらいます。子どもたちは思い思いの箇所から心が動いたところを語ってくれるでしょう。教師は、それを図式化しながら黒板にまとめ、クラスの「心の動き」を子どもたちに交流させるのです。

　子どもたちの声を丁寧に扱いながら、一歩一歩、授業のねらいとなる道徳的な心情や判断力、実践力への思考へとつなげていきます。

> **⟩ FOLLOW UP !⟨**
>
> 子どもたちが心を動かしたところに線を引くことに慣れてきたら、次のステップとして「どうして心が動いたの？」と問いかけましょう。

1年生への「聞く」指導ポイント ②

COLUMN 3で紹介した「子どもたちへの聞く指導の基本」を根気よく行っていくと、多くの子どもたちは聞く力を身につけていき、聞き上手へと変わっていきます。しかし、なかには「聞くことが苦手な子」「同じ態勢を取り続けることが苦手な子」がいて、そういった子どもたちは、なかなか指導自体を受け入れることができません。

ここでは、「聞くことが苦手な子」と「同じ態勢を取り続けることが苦手な子」の2つを分けて考えてみましょう。

まず、後者の「同じ態勢を取り続けることが苦手な子」についてです。大きく、次のようなタイプが想定できます。

● やればできるのに、やろうとしていない子
● 同じ体勢でいることが苦手なだけで、聞くことはできる子

1つ目のタイプは、道徳性の問題であり、「きちんと聞きましょう」「良い姿勢をしましょう」「そのような聞き方はいけません」とはっきりと指導するようにしましょう。指導するべき場面で指導をしないことは、クラス全体への影響としてもよくありません。

2つ目のタイプは、その子の個性を尊重することが大切です。無理強いをして「聞く態勢」を求めすぎても、その子は「やろうとしているのにできない」状態ですので、その子自身を追い込んでしまうことになります。1つ目のタイプのように強い指導をするべきではない指導場面といえます。とはいえ、まったく指導しないというわけではありません。「良い姿勢、できるかな？」「少し挑戦してみようか」など、ゆるやかな指導は行うようにしていきましょう。

では、前者の「聞くことが苦手な子」については、どのように指導すればいいのでしょうか。COLUMN 5でお伝えします。

COLUMN5 に続く

ケンカがあっても
スッキリ解決！
子どもをつなげる
「聞く」スキル

担任をしていると頭を悩ませるのが
子どもたちのケンカの場面。
しかし、教師が聞き方を工夫することで、
スムーズな解決だけではなく、
子どもたちの成長の場面へと
つなげることができるのです。

まずは子どもの話を
まるごと受け止める

子どもたちのトラブルをスッキリ解決できるかどうかも、教師の聞く力にかかっています。1年生の特徴をとらえて対応していきましょう。

▶ 解決するのは子どもたち自身

　「トラブルは起こってほしくない」「解決できるか不安だ」などと、担任経験の浅い先生であれば、そのように考えてしまうこともあるかもしれません。しかし、そうした思いを抱いてしまっている先生には、ぜひ、次のことをお伝えしておきたいです。

　「トラブルを解決するのは、トラブルを起こしてしまった子どもたち本人であり、教師はその手助けをするにすぎないということです。

▶ まずは子どもたちの話を聞くことから

　子ども同士のトラブル解決の際、教師の役割を「手助け」とした場合に、具体的にできることとは何なのでしょうか。まず、真っ先に教師がしなければいけないことは、トラブルの当事者となった子どもの話を聞いて、受け止めてあげることです。

　人は話すことによって、自分の行動や気持ちを整理し、自分自身を見つめ直すことができます。まだ幼い1年生の子どもたちであっても、それができます。そして、自分が起こした「良くなかったこと」を発見することができます。

▶ 話を聞いてから問いかける

　トラブルに関わった子どもの話を聞くことで、その子ども自身が自分のあやまちに気が付くことができれば、自分の悪かった点を自らの言葉で反省し、語れるようになるものです。しかし、ここで言い出しにくそうな表情や態度をみせたり、言葉にできなかったりする子もいます。そうしたときにはじめて、教師の「問いかけ」というサポートが力を発揮します。

　まずは話を聞いて受け止めること、そして、問いかけること。この順番を基本として丁寧に対応していくと、トラブルは最小限でスッキリと解決することができるでしょう。

ここがPOINT

聞く　→　問いかけ

ADVICE！

　トラブルは、本人に解決させるものとして、あくまでも「必要であれば聞く→必要であれば問いかける」という意識をもちましょう。

LESSON 02

関係する子ども
1人1人から話を聞く

クラスでトラブルが発生したら、必ず関わる子ども全員から話を聞くのが大切です。これでトラブルの8割は解決できるといってもいいでしょう。

聞き方の例

「全部、お話しできるかな？」

NG！

教師が焦ったり、いら立った態度を見せたりしてはいけません。すべて子どもに伝わってしまいます。子どもたちから話を聞くときは、じっくりと丁寧に聞くようにしましょう。

▶ 気持ちをすべて吐き出させる

　トラブル解決の大原則は、「子どもが知っていること、思っていることをすべて吐き出させる」です。これを怠ってしまうと、せっかく時間を使って解決したとしても、子どもの心の中にモヤモヤが残ってしまい、保護者も含めたかたちでの話し合いになるなど大事にもなりかねません。

　そうした事態を避けるためにも、子どもからすべてのモヤモヤを出させるようにしましょう。

▶ 子どもたちが話しやすいように

　こうした作業は、中心となった子に限らず、関わった子ども1人1人から丁寧に話を聞いていくことが重要です。その際、教師は「うんうん」「それで？　それで？」「他には？」「○○ということ？」などと、子どもたちが話をしやすいように相槌を打ちながら話を聞いていきます。

　とにかく、子どもが落ち着いて話ができる対応に徹します。

▶ 最後は子どもと確認を

　すべて話を聞き終えることができたと思っても、まだ完了ではありません。必ず、「これで全部かな？」と子どもに確認しましょう。そして、ここで、子どもが「うん」と頷いてはじめて、その子との話を終えます。

　少し時間がかかることではありますが、この作業に手を抜かず、きっちり丁寧に行っていくことで、その後の話がスムーズに進むことはもちろん、トラブル解決への出口が見えてきます。

> **FOLLOW UP！**
> 話をした子には、「よく話してくれたね」と承認しましょう。それによって、「先生には話してもいいんだ」というメッセージを強く伝えます。

教師の「聞く」で子どもの 自力解決力を育てる

子ども同士のトラブルに「先生が話を聞くことは当たり前」と思わせるのではなく、「必要であれば話を聞く」存在であるという意識を子どもの中につくりましょう。

聞き方の例

「先生が、お話を聞いたほうがいいかな？」

NG！

子どもの興奮が収まらず、「先生のお話なんて聞かない！」という状態で聞き取りを進めても解決しません。落ち着くまでの時間をしっかり確保しましょう。

▶ トラブルを起こしているのは自分である

　1年生の子どもたちのトラブルにおいては、教師が主導し、子どもたちの話を聞いて解決することがほとんどかもしれません。しかし、「トラブルを起こしていることは自分たちである」という自覚を、少しでももたせる対応が必要です。そのためにも、「何かあったから、先生、何とかして」という状態から、少しずつでも脱却させていく問いかけをしていきます。

　学校生活では、「自分のことは自分でする」という自己解決の意識を、まずは教師がしっかりと押さえておきたいものです。

▶ 「先生がお話を聞く」という思い込みをなくす

　そこで、トラブルが起こっている場面に出会ったときには、「先生がお話を聞いたほうがいいかな？」という問いかけから入っていくようにしましょう。この問いかけがあるのとないのとでは、大きな違いがあります。これがなければ、子どもたちは「先生が話を聞いてくれるのが当たり前」「先生が問題を解決してくれる」という教師任せの感覚からいつまでも抜け出すことはできません。

▶ 「うん」から始まるマインドセット

　この「先生がお話を聞いたほうがいいかな？」という問いかけには、ほとんどの場合、「うん」という答えが返ってくることでしょう。

　じつは、ここからがスタートです。子どもたちは「うん」と返事をすることで、「これからトラブルを先生と一緒に解決していく」というマインドセットをつくります。こうした意識が子どもたちの自己解決力へと着実につながっていきます。

> **FOLLOW UP！**
>
> 「ちゃんと先生がお話を聞くことを決めてえらいね」など、その子がとった行動をきちんと賞賛し承認することが、子どもの意識を高めます。

LESSON 04
教師の「聞く」ルール①
「みんなの味方」

「先生はみんなの味方」であるというメッセージを、いつも子どもたちに伝えていきましょう。しかし、これには常に公平性が必要です。

聞き方の例

「先生は？」（みんなの味方）

NG!

教師の主観で、「○○さんが悪い」と一方的に決めることは厳禁です。あくまでも、目的は子どもたち同士のトラブル解決です。

▶ 入学式から伝え続ける

「先生はみんなの味方である」というメッセージは、子どもたちとの出会いの日から繰り返し伝えていくようにしましょう。特に入学したての4月は、まだまだ子どもたちは教師のことをよく知りません。

そうした時期だからこそ、「先生はみんなの味方だよ」と何度も言い続けていくことで、安心感を抱かせることができるのです。

▶ どんなときにも味方

メッセージを伝え続けるだけではなく、「先生は？」と子どもたちに問えば、子どもたちが「みんなの味方！」と元気よく呼応するように定着させていきます。そして、みんなの味方とは、「先生が叱ることがあってもみんなの味方であること」「特定の誰かだけの味方ではなく、クラス全員の味方であること」も合わせて伝えるようにします。

つまり、味方とは公平性が前提となることを子どもたちに理解させていくのです。

▶ トラブル時にこそ「みんなの味方」を確認する

普段からこのように伝え続けていくことで、トラブル発生時にも大きな効果を発揮します。例えば、ケンカが起きたとき、子どもたちはお互いに「○○ちゃんが悪い」「□□くんのせいだ」と責任を相手に押し付けたり、「先生に味方になってほしい」と思ったりすることでしょう。そうしたとき、すかさずこのフレーズを口にして、子どもたちと確認し合うのです。

「みんなの」という言葉から、少しずつ気付きを起こし、落ち着きを取り戻させていきます。

┌─ **FOLLOW UP !** ─┐

トラブル解決時には、「お互いに相手のことを考えられたね」「先生はみんなの味方であることをちゃんと理解していたね」とほめましょう。

教師の「聞く」ルール②「順番に」

子どものトラブル解決で絶対に守らなければいけないルールの1つが、順番です。この順番には、「話す人」「話す内容」があることを押さえましょう。

聞き方の例

「まずは○○さん、次に□□さん、どうぞ！」

順番を守らせる

NG！

子どもが勝手に話すままにしていてはいけません。まず、「嫌だったと思うこと」から子どもに投げかけるようにしましょう。それが、子ども自身の振り返る力を強化することにもつながります。

▶ 教師が必ずやらなければいけないこと

　トラブルを起こした子どもたちの中には、興奮して自分を押さえられない状態の子どももいます。そんな子どもたちを相手するときに大切なことは何か。それは、「話す順番を必ず守らせる」ことです。

　ときに興奮している子どもは、相手が話しているにもかかわらず、勝手に割り込んで話し始めてしまいます。そうした状態になっては、一向に解決には向かいません。

▶ 「話す順番」を守らせることから

　前述の通り、まずは必ず守らせなければならないのが「順番」です。その第1が「話す順番」。具体的には、「じゃあ、○○さんから話を始めましょう」と教師が指示を出すようにして、必ずその子から話を始めるように導きます。ここで、そこに割って入り、自分勝手に話をしようとする子どもがいたなら、必ず制止しなければいけません。そこを教師が譲ってしまえば、収拾がつかなくなります。

▶ 「内容の順番」も守らせる

　第2に、「内容の順番」もきちんと守らせる必要があります。子どもからの話は、「嫌だったこと」→「しまったなと思うこと」の順で聞いていくようにするのです。

　「Aさん嫌だったこと」→「Bさん嫌だったこと」→「Aさんしまったと思うこと」→「Bさんしまったと思うこと」。

　このような流れで順番をしっかりと守らせ、冷静に話し合いができるように導いていきましょう。

> **┤FOLLOW UP !├**
> 話し合いの途中でも、「きちんと順番が守れたね」と賞賛するようにします。それが、だんだんと落ち着きを取り戻すきっかけになります。

教師の「問いかけ」ルール①
型

トラブルが起こった際に子どもたちの話を聞くときには、型をもっておかなければいけません。最初に問いかけるべきことがあるのです。

聞き方の例

「1番嫌だったことは、なあに？」

NG！

1番嫌だったことを把握しないままに話を進めてはいけません。それをはずしてしまうと、解決までにすごく時間がかかってしまいます。必ず押さえましょう。

▶ 学校生活はとにかく時間がない

　トラブルがあった際、たっぷりと時間をかけて話を聞いてあげたいのは山々ですが、学校生活はすべて時間に追われているといっても過言ではありません。そのためにも、できるだけ効率よく子どもたちが満足感を得られる方法を選んでいきたいものです。

　特に子どもたちのトラブルは、休み時間に発生することが多く、ここで時間をかけすぎてしまうと授業に支障をきたしてしまうのです。

▶ 効率よく満足感を抱かせる聞き方

　時間をかけすぎずに、効率よく子どもたちが満足感を得ることのできるトラブルの解決方法は、ずばり最初に「1番嫌だったことを聞く」ことです。P.108〜109で紹介した「話す順番」を確認したら、「1番嫌だったことは、なあに？」と問いかけていきましょう。第1声から、グッと核心を突いていくのです。

▶ 核心から話を広げて確認していく

　最初の段階で核心を突いたら、次は子どもたちの思いを聞いていきます。「どうしてそう思ったの？」「○○さん（相手）の何をしたことがそう思うことになったの？」と、核心から具体的な内容に話を広げていくのです。

　こうした問いかけの型をもっておくことで、できるだけコンパクトな時間で子どもたちに納得感を抱かせながら解決へと向かうことができます。

┌ FOLLOW UP！

子どもが答えたところで、「それが1番嫌だったことで間違いないかな？」と確認することで、話を確実に進めることができます。

教師の「問いかけ」ルール②
自己反省

トラブル解決における重要な要素が、子どもが「自分の良くなかったこと」に気付き、反省できるかです。この機会を丁寧に扱いましょう。

聞き方の例

「話してみて、ダメだったと思うことはなあに？」

NG！

決して高圧的な態度にならないようにしましょう。特に「まったくないの？」「少しもないの？」と聞くときには、強く意識したいものです。

▶ トラブル解決２つの要素

子どもが納得するかたちでトラブルを解決するためには、大きく２つの要素が必要となります。１つは、自分の嫌だったことを相手に伝えさせること。そして、もう１つは、自分自身を振り返って、良くなかったことを自覚させることです。

自分の嫌だったことを相手に伝えることはとても大切なことですが、それだけでは友だち関係や集団生活をより良くすることにつながっていきません。自分の良くなかったことの振り返りも必要です。

▶ 嫌なことを聞いてもらえたから反省ができる

そこで、「自分のダメだったところ」を教師が問いかけるようにします。その際に注意したいのが、必ず「自分の嫌だったこと」を吐き出させた上で聞くようにするということです。

１年生の子どもたちであっても、自分の嫌なことをしっかりと伝えた後には、「自分の良くなかったこと」にも目を向けられます。たっぷりと話を聞いた後には、自己反省を促しましょう。

▶ 「ほんの少しも？」の問いかけで思いを引き出す

「自分のダメだったところは？」と聞いたときに、「ありません」と言う子は少なくありません。しかし、喧嘩両成敗ともいわれるように、起こったトラブルの原因は、ほとんどの場合、双方にあるものです。

そんなときは、「まったくないのかな？」「ほんの少しだけでもないのかな？」とやさしく問いかけてみましょう。子どもの気持ちが少しずつほぐれ、「ちょっとは……」と語り出す効果があります。

> ╭─ FOLLOW UP ! ─╮
>
> 自分のダメだったと思うことがちゃんと言えたら、「よく正直に言えたね」としっかり賞賛するようにしましょう。自己反省が促されます。

教師の「問いかけ」ルール③
思いの伝え合い

トラブル解決のための話し合いの最後には、謝罪だけではなく、
それぞれに思いを伝え合う時間を確保するようにしましょう。

聞き方の例

「友だちに伝えたいことは？」

○○さんに
伝えたいことは？

悪口を言った
ことを
あやまりたい……

最後に解決の言葉を引き出す

NG!

決して強要してはいけません。まれに「許したくない」という場面に出会
うこともありますが、強要ではなく、許すことの大切さを丁寧に伝えてい
きましょう。

▶ 話し合いの目的は解決にあり

　トラブルが起こったときの話し合いは、解決が目的です。そのために
も、「相手に自分の思いを伝える」というステップが必要です。

　思いを伝える内容は、2つあります。1つは、「○○が嫌だった。これ
からは○○しないでほしい」と伝えること。もう1つが、「□□して悪かっ
た。ごめんなさい」です。

　この2つが伝えられるように、教師はサポートしていきましょう。

▶ 最後にしこりを残さない

　「相手に伝えたいことは？」と聞くと、子どもはこの2つのいずれかを
語り出すでしょう。「ごめんなさい」を伝えた場合には、伝えられた側に
「どうかな？」と教師が確認をとるようにします。ここで、「うん」と言え
ばOKとなりますし、首を横に振ったなら、「あと何が解決するといいの
かな？」と聞き出すようにします。

▶ 「自分の気持ちを伝える」を大切に

　子どもによっては、「自分の嫌だったことは伝えない」という子もいる
かもしれません。無理に伝えさせる必要はもちろんありませんが、「自
分の嫌だったことも伝えてもいいんだよ」ということは教師がフォロー
していくようにしましょう。

　謝罪の気持ちを伝え合うことはもちろん大切なことですが、自分の嫌
だった思いを伝え合うことも同時に大切なことなのだと、教師がしっか
りと認識した上で解決へと導いていきます。

╭─ **FOLLOW UP !** ─╮

　子どもたちが伝え終わった後には、「きちんと自分の思いは伝えられ
た？」と確認の問いかけも忘れないようにしましょう。

教師の「問いかけ」ルール④
目的確認

話し合いの締めくくりとして、未来に向けた問いかけを必ず入れるようにしましょう。そこまで取り組んで問題解決、一件落着となります。

聞き方の例

「また仲よく遊べそうかな？」

また仲よく遊べそう？

うん

うん！

話し合いの目的確認を！

NG !

話し合っているとき、子どもたちがお互いを責め合うようなことがときに見られます。その様子に教師が振り回されてはいけません。そうしたときにこそ、問題を解決するという目的に立ち返ります。

▶ 目的は未来のため

　トラブルが発生してしまったとき、「話し合う目的は何か？」「解決の目的は何か？」と、教師自身がその目的をいつも意識しながら子どもたちの話を聞くようにしましょう。

　そもそも、トラブル解決の目的とは何でしょうか。それは、話し合っている子ども同士が和解して、ふたたび仲よく遊べるようにという、より良い未来に向けてのものなのです。それを失念してしまうと、学校で行うべき正しい話し合い活動は実現できなくなってしまいます。

▶ 目的を疎かにすると解決は遠のくばかり

　目的を置き去りにして話し合いを進めてしまうと、とんでもない方向へと迷走してしまうことでしょう。「○○さんが〜〜した」「□□さんが〜〜した」と相手を責める言葉の応酬が続き、一向に収拾がつかなくなることが目に見えています。その場合、目的をすっかり忘れて、何が起こったのかを詳細に調査していくばかりの、まったく未来の見えない事態に陥ってしまうのです。

▶ 話し合う前に一度目的を確認する

　話し合いの目的を、子どもたちと共有することが大切です。それは例えば、「先生は、今から二人が仲よくなるために話し合いを設けるけれど、それでいいかな？」というように確認を入れるのです。そこで、子どもたちが「うん」と言わないのであれば、話し合う必要すらないかもしれません。

　目的を確認しておくと、いつもそこに向かって話し合うことが可能となります。

> ┌─ **FOLLOW UP！** ─┐
>
> 話し合いの途中で、相手を尊重するような姿勢や言動が見られたら必ず賞賛するようにしましょう。目的に向かっている証拠です。

教師の「問いかけ」ルール⑤
アフターフォロー

「解決したからもう安心」とそのまま放置してはいけません。トラブルの大小にかかわらず、その後のフォローも忘れないようにしましょう。

聞き方の例 ⟩

「あれから、どう？」

NG！

アフターフォローのかたちにはとらわれないようにしましょう。「声をかけるかどうか」よりも、「気にかける」ということが大切です。

▶ 後からモヤモヤがやってくることも

　解決したはずのトラブル。ときに、時間がだいぶたった後で、保護者から心配の連絡がくることもあることを認識しておきましょう。それは、教師の解決方法に問題があったわけではなくても起こります。また、その子自身も、解決直後には納得した様子を見せていてもです。

　なぜかモヤモヤする気持ちが復活してしまいます。そのようなことが起こりうると心得ておきましょう。

▶ アフターフォローという考え方

　そこでカギとなるのが、アフターフォローです。具体的には、話し合いをした後に、「あれから、どう？」の問いかけを入れていくようにしていきます。特にトラブルを起こしてしまった子どもたちが普段から気にかかる子であれば、余計にその問いかけや配慮が必要となるでしょう。

　そこまでしなければならないのかと思う先生もいらっしゃるかもしれませんが、間違いなく必要であるといえます。

▶ 「気にかける」ということが大切

　アフターフォローができるのは、つまり、トラブル解決後の子どもたちの様子をちゃんと気にかけているという証しです。その際、「やらなければ……」という強迫観念からではなく、「あの子たち、どんな状態かな？」と心から感じるときにアフターフォローの問いかけをすることです。

　そして、見守った上で気になったことは、「この前の○○さんとのこと、今、どんな感じ？」「最近、休み時間どう？」などと、どんどん子どもたちに聞くようにしてください。

> ╭─ FOLLOW UP！
> アフターフォローの問いかけをしたときに、「大丈夫！」と子どもが言ったら、必ず「仲よくできてえらいね！」と価値付けしましょう。

1年生への「聞く」指導ポイント ③

COLUMN 4 では、「聞くことが苦手な子」への指導について少し触れました。ここでは、より具体的に考えてみましょう。

心理学では、人が情報を得るときには、「**視覚 (Visual)**」「**聴覚 (Auditory)**」「**体感覚 (Kinestic)：味覚・触覚・嗅覚を含む**」の 3 つの要素を活用しているといわれ、これらの 3 つの要素のスペルを取って「VAK」とも呼ばれています。どの要素もすべての人が活用しているものですが、どの感覚に優位性があるかは人によって異なるものであるともいわれています。つまり、「聞くことが苦手な子」は聴覚の要素が低く、「視覚」もしくは「体感覚」に優位性があるといえるでしょう。

そこに気付けば、指導の仕方も見えてきます。具体的には、教師の話に 3 つの要素「視覚」「聴覚」「体感覚」を入れるようにすればいいのです。「給食は 13 時までに食べましょう」と子どもたちに指示をすることを例に考えてみましょう。

- 「13 時までに食べましょう」と教師が音声で伝える【聴覚】
- 「13 時まで」と黒板に書く【視覚】
- 「時計の長い針がどこになったら終わりかな？ 時計を見て指さしてみましょう」と子どもたちの動きを入れて確認をする【体感覚】

いつも、この 3 つの要素を取り入れながら教師から話をすることで、子どもたちはそれぞれの優位性を活かして情報を取り入れることができるようになります。もちろん、そのようなことに配慮をしても、聞くことが苦手な子がいます。そのような場合には、

- 全体へ指示をした後に個別でも声をかけるようにする
- 全体へ指示をした後に隣同士で確認の時間をとる（聞けている子が聞けていない子にさりげなくもう一度教える仕掛け）

といったシステムを取り入れるようにしてみましょう。子どもたちの聞く力をつける効果的な習慣となります。

COLUMN 6 に続く

信頼がアップする！

保護者対応の「聞く」スキル

「じつは、保護者との話が苦手で……」
と感じている先生が
少なくないかもしれません。
しかし、「問いかけ」を活用した
「聞く」を中心にすることで、
保護者とのやり取りは
驚くほどスムーズになっていきます。

保護者の声を聞くことも
１年生担任の重要な仕事

すべての子どもたちが、保護者の方にとっての宝物であることは
いうまでもありません。そんな保護者の声を大切に扱っていきま
しょう。

▶ 子どもがかわいいのは当たり前

「(我が子は) 目の中に入れても痛くない」という言い回しがあります
が、これは、子どものことがあまりにもかわいいから生まれた言葉です。
それくらいに保護者や子どもの周りの大人たちは、子どものことをかわ
いがっているんだと、そのことを大前提として保護者の声を聞き取り、
連携を考えていきましょう。

▶ 保護者側に身を置いて考えてみる

保護者の声を聞くことは、１年生の担任としての重要な仕事の１つだ
といえます。「えっ、こんなことまで……」と思う先生もいるかもしれま
せんが、例えば、小さなケガをしたり、忘れ物をしたりしてしまったこ
となどにも、保護者にとっては子どもが悲しい思いをしたのではないか
と心配するのです。そうした保護者の側に自分の身を置いてイメージし
てみてください。

保護者の視点だからこそ、学校の事情・様子に気が付けないことがあ
ることも事実です。そのように、ときに保護者の視点で考えながら、保
護者連携を深めていきます。

▶ 保護者にも解決の力がある

　はじめて小学校に子どもを入学させる１年生の保護者なら、保護者も小学校１年目であることは間違いありません。つまり、保護者にも分からないことがたくさんあるということなのです。そして、保護者自身も子どもたちのように、１年生の保護者として成長していく存在であるともいえます。そのことを念頭に置いた上で、保護者の声を聞くようにしていくと、負担感を抱くこともなくなるはずです。

　その際、保護者自身は物事を解決する力をもつ大人であることを前提に、敬意をもって接することが保護者との良好な関係を築くコツとなります。

ここがPOINT

ADVICE！

勘違いなどを起こして保護者が学校に訴えてきたとしても、まずは傾聴しましょう。それから誤解や行き違いを解いていきます。

LESSON 02

まずは気になることから 相手を知ろう

入学前の子どもたちの情報は限られています。その限られた情報の中で、できるだけその子の家庭環境を具体的につかむようにしましょう。

聞き方の例

「どう思いますか？」

どう思いますか？

そうねぇ…

さまざまな立場の人に聞いてみる

NG！

「まあ、いいや」などと気になったことをそのまま放置してはいけません。胸騒ぎがするなど、少しでも気になったことはひとまず聞いてみる。そうしたスタンスが大切です。

▶ 入学前の子どもたちを知る手掛かりは 限られている

入学前の子どもたちの情報をつかめるものには、どんなものがあるでしょうか。じつは、ほとんど情報がないことが分かります。

幼稚園や保育所からの引き継ぎ資料、あとは保護者が提出する「家庭環境調査票」くらいでしょう。それらの限られた情報の中から、その子の様子をできるだけ探るようにしていきます。

▶ 些細なことも放置しない

そこで活用していきたいのが、「どう思いますか？」というフレーズです。家庭環境調査票や幼稚園・保育所の先生からの資料をよく見ていると、「あれっ？」とセンサーがはたらく場合があります。それをそのままにせず、学年の先生や管理職の先生に「これ、どう思いますか？」と相談をするようにしていきましょう。すると、その「あれっ？」から考えられることがさまざまに表出します。

▶ ズレや一致はないか

幼稚園・保育所からの視点と保護者自身の視点に、どれくらいのズレや一致が見られるかということも気にするようにしたいものです。

気になる点が一致しているということは、課題が共有されていることであり、継続的な支援で改善されていることも多くあります。むしろ、より気にかけなければならないことは、両者の視点にズレが生まれているケースです。その場合は、自分なりの視点で見守りを続けていく必要があります。

┌ FOLLOW UP ! ┐

自分のクラスのことを、他の先生に聞いてもらうことや相談をしていくことはとても大切です。気になったことはどんどん質問しましょう。

LESSON 03

電話では感謝を伝えることから「聞く」をスタート

まだ学校生活に慣れない1年生では、保護者に電話を入れる機会も多くあります。そんな電話連絡をチャンスととらえて活かしていきましょう。

〈 聞き方の例 〉

「いつもありがとうございます」

NG!

気持ちを込めない挨拶ではまったく意味がありません。特に感謝は心からの気持ちを伝えましょう。表面上の言葉では、すぐに見抜かれてしまいます。

▶ ルーティーンをつくろう

　保護者に電話連絡を入れるときには、いつも決まった話の入り方を決めておくといいでしょう。慣れないうちは、保護者への電話というだけで緊張したり、うまく話せなかったりするものです。だからこそ、「ルーティーン」を決めておくのです。そうすることで、スムーズな流れが生まれ、落ち着いて保護者の話を聞くことができるのです。

▶ 「いつもありがとうございます」から始める

　おすすめの入り方は、「〇〇さん、いつもありがとうございます」です。些細な連絡をするときにも、こちらからあまり良くないことを伝えるときにも、いつも同じフレーズを使うようにします。

　感謝の気持ちを伝えることには、たくさんの効果が期待できます。自分自身が前向きな気持ちで話すことができるようになるのはもちろん、相手との距離感を縮めたり、信頼関係を築いていくことが可能になるすてきな言葉です。

▶ 「いつも」だから効果が出る

　前述のフレーズは、「いつも」伝えていくことがポイントです。そうすることで、もし相手が怒っているときに電話をかけなければならないときでも、こちらから良くないことを伝えるときでも、自然に会話を始めることができるからです。

　また、そうした良くない雰囲気のときにかける電話でも、感謝の言葉を伝えていくことで、いくぶん話しやすい雰囲気につなげることもできます。

FOLLOW UP！

電話を切るときにも、「いつもありがとうございます」と伝えるようにしましょう。「ありがとう」の言葉でサンドするのです。

LESSON 04

子どもをほめて
家庭の状況をキャッチ

子どもは学校での姿がすべてではありません。家庭での様子もまた、その子なのです。保護者への問いかけで情報収集していきましょう。

聞き方の例

「おうちではどうですか？」

① 学校では特に計算をがんばっています！

家では…

② おうちではどうですか？

まずは学校の様子を伝える

NG！

家庭の中で注意していることを聞かせてもらったときに、「学校でも同じです」などと同意してはいけません。そこは傾聴に徹しましょう。

▶ 把握しようとする姿勢が大切

1年生の担任として、「その子が家庭でどのように過ごしているか？」を把握しようとすることはとても大切なことです。クラスの子ども全員のすべてを把握することはもちろんできませんが、「家では、どう過ごしているんだろう？」と思いを馳せることは、その子を丸ごと理解することへとつながっていきます。

▶ 問いかけで様子を知る

家庭での状況をいちばんに知ることができるのは、保護者から直接話を聞かせてもらうこと以外にありません。その際に役立つフレーズが、「おうちではどうですか？」というシンプルな問いかけです。

今、家で夢中になっていることから、保護者が注意していることまで、いろいろなことを教えてもらえることでしょう。

▶ まずは担任から学校の様子を伝える

ただし、家での状況を聞くには、前提があります。それは、「まず、担任から学校での様子を知らせる」ことです。どんな些細なことでも構いません。例えば、「授業中、積極的に挙手をしていた」「休み時間は○○さんと過ごしていた」「掃除をがんばっていた」など、どんなことでもいいのです。

マナーとして、また、保護者が話しやすくなるように、まずは学校での様子を伝えてから、家庭での様子を聞かせてもらうようにしましょう。

FOLLOW UP！

家でがんばっていることを聞かせてもらったときには、「ご家庭でもすごくがんばっているんですね」とその子のがんばりを賞賛しましょう。

LESSON 05
観察で保護者の「本音」を聞き取る

行き違いによって、保護者とトラブルになってしまうこともままあります。そんなときこそ落ち着いて、相手を観察してみましょう。

〈 聞き方の例 〉

「○○のことについて、どうでしょうか?」

NG!

相手の言葉だけに着目するのではいけません。この問いかけは、相手の様子を知るために聞くものです。観察とセットで活用していきましょう。

▶ トラブル発生時にも有効なキャリブレーション

　1年生の担任をしていれば、子どものことや子ども同士のことでのトラブルはつきものと心得ておくべきです。その際、保護者と連携をしてスムーズに解消していけば何の問題もありませんが、ときにボタンのかけ違いなどで保護者との大きなトラブルに発展してしまうこともないとはいえません。そこで大切なのが、P.16でも紹介した「キャリブレーション」です。

▶ トラブルのときこそ落ち着いて

　不覚にも保護者とトラブルを起こしてしまったとき、大切になるのが相手の言葉を聞きつつ、相手の様子も観察することです。それは、「本当はそこまで怒っていないのに、激しい言葉を使っている」こともあるからです。逆もまた然りで、保護者が落ち着いた様子や声であっても、内心ではものすごく腹を立てているという場面もあります。

　トラブルになったときこそ、落ち着いた対応が求められます。

▶ 無意識から読み取る

　そうした際に必要なスキルが、まさにキャリブレーションなのです。仕草や様子は保護者の無意識から表れているもの。つまり、保護者の本音の部分が表れているといってもいいでしょう。

　相手が発する声だけではなく、体の反応からも声（＝本音）を聞き取るようにしましょう。そうした意識をもつだけで、トラブルにも冷静に対応し、素早い解決が得られるようになります。

> **FOLLOW UP !**
> 「冷静に相手の様子を見ることができている」と実感できたら、自分をほめてあげましょう。冷静に観察できるのはとても立派なことです。

子育ての不安を聞き取り、受け止める

小学1年生の子の保護者ともなれば、折にふれ、わが子の成長や子育てに不安を抱いてしまうものです。そこで教師の出番です。

聞き方の例

「○○さんにどうなってほしいと思っていますか?」

NG!

保護者の話を聞いているときには、絶対にこちらから口出しをしないようにしましょう。特に発話のターンが相手にある場合は、丁寧な傾聴に徹します。

▶ 不安の聞き方を知っておく

　保護者が抱える子育ての不安についての相談役を、担任が務めることは少なくありません。そうした場合に落ち着いて対応していくためにも、他者からの不安の聞き取り方や話の流れのつくり方は心得ておきたいものです。

　不安の聞き取り方や話の流れのつくり方には、基本の型があります。専門知識がなくても使うことのできる型ですので、多くの保護者と相対していくことも教師の役割の1つであればこそ、ぜひ、学んでおくようにしましょう。

▶ ペーシングをフル活用する

　不安の聞き取り方や話の流れのつくり方の型とは、いったいどういうものでしょうか。それは、P.34 ～ 35でも紹介した「ペーシング」です。

　相手の声のトーンや調子、または相手の心の状態までを感じ取り、ぴったりと合わせていくようにするのです。そして、ペーシングした状態で保護者の不安を傾聴していきます。たっぷりと保護者の話を聞くことからスタートさせていきましょう。

▶ 不安を聞いた後には未来に目を向けさせる

　ただ、不安を聞き取るだけでは、それを共有して終了となってしまいます。その次のステップとして、思考を未来に向けていかなければなりません。そこで活用したい問いかけが、「○○さん（子どもの名前）にどうなってほしいと思っていますか？」です。

　不安を話して心が軽くなった保護者に問いかけることで、保護者自身でイメージを描き、答えを見つけ出せるようになります。

> **＞ FOLLOW UP！**
>
> どれだけたくさん話を聞いたとしても、最後には「話してくださってありがとうございました」という一言を忘れないように伝えましょう。

LESSON 07

子育ての悩みを聞き取り、勇気づける

保護者の悩みを受け止めた後のフォローとして、力強く勇気づけを行いましょう。押さえるべきコツを紹介します。

聞き方の例

「○○ということが心配ということでしょうか?」

NG!

勇気づけをしているつもりが、保護者の悩みをあおるようなことになってはいけません。エピソードの伝え方や用いる事例にはよくよく気を付けましょう。

▶ 保護者の悩みを正確に押さえる

　保護者の悩みを聞き取った後には、未来に向けた思考へとつなげていく作業が必要です。そして、それはできるだけその保護者に合った言葉を選んで勇気づけていくことがカギになります。

　では、その保護者に合った言葉をどのように選んでいけばいいのでしょうか。それは、「その保護者は何に悩んでいるのか？」ということを正確に押さえて、そこにバシッと焦点を合わせることです。

▶ 悩みを確認し、共有する

　その保護者が何に悩みを抱いているのかを正確に押さえるには、悩みを聞かせてもらった後に「○○ということが心配ということでしょうか？」と確認を入れることです。

　例えば、「漢字の勉強についていけているかが心配ということですね？」「友だち関係のことが心配ということですよね？」と保護者と悩みを共有しながら、改めて問いかけるのです。これが勇気づけにつながっていきます。

▶ エピソードで保護者を励ます

　保護者の悩みを正確に共有したら、ここからが教師の出番です。

　その子自身や他の子どもたちのエピソード、さらには教師自身の見立てや見解、アドバイスを伝えるようにしましょう。「今、○○さんは□□をがんばっていますよ」「他にも○○ということで悩んでいた子がいましたが、□□して乗り越えていきました」などと、悩みに合ったポジティブな事例を添えていきます。

> **FOLLOW UP！**
> 伝えるべきエピソードがないときには、教師自身の見立てのみでも構いません。保護者に合った話題を見極めて提供できるようにします。

これまでの子育てに
共感しながら大いに励ます

これまでの子育てをほめられた経験のある保護者は、意外と少ないようです。教師だからこそ保護者の子育てを理解し、認めていきましょう。

聞き方の例

「どのような子育てをされてきたのですか？」

NG！

何の準備もせずに保護者と話をしてはいけません。そのような状態では、何を問いかけても浅い話しか聞けず、教師からのメッセージも効果を発揮しません。

▶ 日頃からエピソードを収集しておく

　急な連絡をはじめ、個人懇談会や家庭訪問など、1年の間には、それぞれの子どもの良いところを保護者に伝える機会が何度かあるものです。そのためにも、日頃から、クラスの中でがんばっていたことや良かったことのエピソードを集めておくようにして、いつでも具体的に伝えられるようにしておきましょう。なかでも、ちょっとしたエピソードや見逃しがちな一面などが有効です。

▶ 家庭での子どもの様子を教えてもらう

　ただ、一方通行で教師からその子の良いところを伝えていくだけでは、非常にもったいないです。話をバトンタッチしていくように、その子の家庭での良いところを教えてもらうようにしましょう。子どもたちは家庭の中でも、教師が知り得ない素晴らしい一面をたくさんもっています。そうしたことを、保護者を通じて教えてもらうことで、その子の見え方、そして、学校での関わり方をさらに一段上げていくことができます。

▶ 保護者の子育てに共感しながら励ます

　そうした話の流れの中で、「○○さんみたいな素直な子を育てられているのがとてもすごいです。どのような子育てをされてきたのですか？」と問いかけにつないでいきましょう。その際、ただ聞くだけではなく、その回答から学びを受け取るようにも心がけていきます。たくさんのヒントが詰まっています。

　誰しも保護者は多少の不安を抱きながら子育てをしています。それを力強く励ましていく意味でも、保護者の子育てで大切にしていることを聞かせてもらうのです。

> **FOLLOW UP !**
> もし、学校生活の中でも活かせそうなことがあれば、「私もクラスで実践してみます」と伝えてみましょう。その後、実践の報告も忘れずに。

幼稚園・保育所との
ギャップをつかみ取る

保護者にとって、幼稚園・保育所と小学校とでは、ギャップを感じる場面が多くあります。そのことを踏まえて、保護者や子どもたちと関わるようにしましょう。

〉 聞き方の例 〈

「幼稚園（保育所）の頃と比べてどうですか？」

幼稚園・保育所時代を傾聴する

NG！

保護者が幼稚園・保育所との違いを語ったからといって、すべてをそれに合わせる必要はありません。それは、むしろ保護者が乗り越えていくべき課題です。

▶ 小学校との違い① 体制

　幼稚園・保育所と小学校は、システムから大きく異なります。幼稚園・保育所は子どもたちの発達を考えた環境を整備し、子どもたちが自発的に成長できるようにすることをメインとしています。

　一方、小学校では教育課程が存在し、決められたコンテンツを全員が学んでいきます。ここに大きな違いがあることを押さえておきましょう。

▶ 小学校との違い② 接触回数

　もう１つ、大きな違いとして「教師と保護者との接点の回数」が挙げられます。「ザイオンス効果」でいわれるように、人は接触回数が多ければ多いほど信頼感を寄せるというデータもあります。

　幼稚園・保育所は毎日といっていいほど、保護者との接触（送り迎え含む）がありますが、小学校からは子どもたち自身で登校します。そのため、教師と保護者の接触回数は極めて限られたものになります。

▶ ここでも傾聴が教師の役目

　そこで、家庭訪問や個人懇談会など、保護者と話をする機会があるときには、「幼稚園（保育所）の頃と比べてどうですか？」という問いかけをしていくようにしましょう。もし、何か思うことがある保護者であれば、そのときに思いのたけを話すことでしょう。教師は、それを傾聴するだけで構いません。まずは知ることからです。

> ┌ **FOLLOW UP !** ┐
>
> 常に、「保護者も子どもも、幼稚園・保育所と小学校の違いを乗り越えることができる」という前向きな心持ちで話を聞いていきましょう。

LESSON 10

幼児期の話を聞いて
連帯感を深める

「子どもの原点、子育ての原点は幼児期にあり」といわれるように、子どもたちの幼児期のエピソードからも学びを得るようにしましょう。

聞き方の例

「小さな頃は、どのようなお子さんでしたか？」

NG！

「小さな頃、○○だったから、今も□□……」と決めつけてはいけません。教師が聞き取った話をネガティブにとらえて、狭い視点にならないように気を付けましょう。

▶ 幼児期からも学べることがある

　子どもはいつでもかわいいものですが、保護者にとっては、特に「子育ての思い入れがある時期」が存在します。その多くが、幼児期にあります。例えば、「その子がはじめて歩いた日」「はじめて迎えた誕生日」、そして、「出産のとき」など、この世に生まれ出てきてからさまざまなお祝いをしてきたことでしょう。

　その子自身はもちろんのこと、保護者にとってもかけがえのない忘れられない時期になっているはずです。

▶ 幼児期のエピソードからアイデンティティを知る

　そんな思い入れのある時期のエピソードを、ぜひとも保護者から教えてもらいたいものです。その子らしいエピソードもあれば、1年生となった今からは考えられないエピソードもあることと思います。

　そうした話は、そのまま教師にとっての「その子への理解」へとつながっていきます。その子のアイデンティティを知るためにも、ぜひ聞いてみるようにしてください。

▶ 幼児期のエピソードから配慮するべきことが見える

　もちろん、幼児期のエピソードが良い話ばかりであるわけではありません。重い病気にかかってしまった、あるいは、入院やケガをしてしまったこともあるかもしれません。そのようなエピソードを知っておくことも非常に大切なことです。

　普段は元気で明るく何も問題ないように見えて、じつは配慮しなければならないポイントを知り得ることもあるのです。

> **FOLLOW UP！**
>
> 幼児期のエピソードは、その保護者にとって宝物です。目線を合わせながら、丁寧に聞かせてもらうようにしましょう。

聞くのが下手だと
感じている先生へのアドバイス

　もし、「話すのは得意なのに、聞くスキルが低いな」と感じている先生がいたとするなら、その先生はどのようなマインドセット（心の持ち方）でいるのでしょうか。子どもたちのことをどのようにとらえているのか、つまりどんな「子ども観」をもっているのかという問題です。

　私は、もし、そのような先生がいるとするなら、次のようなマインドセットをもっているのではないかと考えます。

- 子どもは何も知らないのが前提だから、**教えなければならない存在**
- 子どもの成長は子ども自身ではなく、**大人が育てなければならない存在**

だからこそ、大人である教師は「子どもたちに分かりやすい話し方をするべき」「子どもたちに分かりやすい授業をするべき」という思考になっていくのです。

　もちろん、このような思考のすべてが悪いわけではありません。物事はどんなことも二項対立で、「どちらが正しくて、どちらが間違い」ということではなく、常に織り交ざっているものであり、その交ざり方もその時その状況によって強弱が出たり、変化していくのです。だからこそ、「子どもたちを教える」というスタンスのみならず、「子どもの可能性を引き出す」という思考をもつことを強くおすすめしたいのです。

- 子どもは目の前の課題を解決する知識や経験をもちあわせている **存在**
- 子どもは自分の可能性を自分から切り拓いていく力をもっている **存在**

こうしたマインドセットを、ぜひ心がけてみてください。すると、「話す」だけではなく、「子どもの声や話を聞く」という意識が自然と高まっていきます。

おわりに

　本書をここまでお読みくださり本当にありがとうございました。1年生担任教師の「聞く力」をテーマにした本書は、いかがだったでしょうか。一般的には、1年生というと、「教師が教えてあげないといけない」「子どもたち自身では何も分からないので、自分たちで動くことができない」などと思われがちです。しかし、本書でも記した通り、1年生は、

- **やる気いっぱいで主体的である**
- **可能性にあふれていて、たくさん引き出せるものがある**

のです。1年生の子どもたちがエネルギーにあふれていることは、本書を読んでくださっている先生方も同じ思いでいらっしゃることでしょう。もちろん、学校ルールや授業など分からないことが多く、教師が他の学年以上にサポートをしなければならないのは否定できませんが、学校生活の最初の1年目にどのような時間を過ごすかで、子どもたちの主体性・行動力が変わってきます。そのときにキーワードとなるのが、「教師の聞く力」なのです。

　1年生の子どもたちに、「先生はいつも私たちの声を聞いてくれる」「私たちに何でも聞いてくれる」と心から実感させられることによって、子どもたちを成長へとつなげていくことができるのです。

　まさに、「子どもたちは何もできない」という「0→1」の教育ではなく、「子どもたちは可能性にあふれている」という「1→100」のような教育への変換です。子どもたちは、自分たちで道を切り拓く力をもっています。その可能性の扉を開くカギとなるのが、「教師の聞く力」なのです。

　全国の子どもたちの可能性が、学校の教室で拓かれていくことを心から願っています。

　　2023年2月

　　　　　　　　　　　　　　　　　　　　丸 岡 慎 弥

著者紹介 **丸岡慎弥**（まるおか しんや）

1983年、神奈川県生まれ。三重県育ち。三重県伊勢市の皇學館大学卒業。
立命館小学校勤務。教育サークルやたがらす代表。関西道徳教育研究会代表。日本道徳教育学会会員、日本キャリア教育学会会員、日本道徳教育方法学会会員。
NLPやコーチングといった新たな学問を取り入れて、これまでにない教育実践を積み上げ、その効果を感じている。
教師の挑戦を応援し、挑戦する教師を応援し合うコミュニティ「まるしん先生の道徳教育研究所」を運営。自身の道徳授業実践も公開中。
著書に『やるべきことがスッキリわかる！　考え、議論する道徳授業のつくり方・評価』『話せない子もどんどん発表する！　対話力トレーニング』『高学年児童がなぜか言うことをきいてしまう教師の言葉かけ』（学陽書房）など多数ある。

オープンチャット
「まるしん先生の道徳教育研究所」

＊本名、都道府県を明記できる方のみご参加ください。
　「丸岡の書籍を読んで」と入力ください。

1年生のクラスがとにかくうまくいく
教師の聞く力

2023年3月22日　　初版発行

著者	丸岡慎弥
ブックデザイン	吉田香織（CAO）
イラスト	坂木浩子
発行者	佐久間重嘉
発行所	株式会社 学陽書房
	東京都千代田区飯田橋1-9-3　〒102-0072
	営業部　TEL 03-3261-1111　編集部　TEL 03-3261-1112
	FAX 03-5211-3300　　　　　　FAX 03-5211-3301
	http://www.gakuyo.co.jp/
DTP制作	越海編集デザイン
印刷・製本	三省堂印刷

©Shinya Maruoka 2023, Printed in Japan
ISBN978-4-313-65477-8　C0037

乱丁・落丁本は、送料小社負担にてお取り替えいたします。
定価はカバーに表示してあります。